U0452383

国際儒學聯合會
International Confucian Association

叶嘉莹 主编　　陈斐 执行主编

◆ 域外诗谭 海外汉学家中国古代诗人研究译丛 ◆

孟浩然

[美] 柯睿 著

刘倩 译

华文出版社
SINO-CULTURE PRESS

图书在版编目（CIP）数据

孟浩然 /（美）柯睿著；刘倩译. -- 北京：华文出版社，2024. 12. --（域外诗谭：海外汉学家中国古代诗人研究译丛 / 叶嘉莹主编）. -- ISBN 978-7-5075-6097-8

Ⅰ. K825.6；I207.227.42

中国国家版本馆CIP数据核字第2024Q7S595号

Copyright ©PAUL.W.KROLL,1981

First published in English under the title *MENG HAO-JAN* by PAUL.W.KROLL,1st edition

Simplified Chinese edition copyright©Sino-Culture Press Co., Ltd., 2024
ALL RIGHTS RESERVED

著作权合同登记号：图字 01-2024-5831 号

孟浩然
MENGHAORAN

著　　者：	[美]柯睿
译　　者：	刘　倩
责任编辑：	潘　婕
策划编辑：	吴文娟
出版发行：	华文出版社
地　　址：	北京市西城区广安门外大街 305 号 8 区 2 号楼
电　　话：	总 编 室 010-58336239　发 行 部 010-58336267
	责任编辑 010-63429159
邮政编码：	100055
网　　址：	http://www.hwcbs.cn
经　　销：	新华书店
印　　刷：	北京新华印刷有限公司
开　　本：	880mm×1230mm　1/32
印　　张：	6.875
字　　数：	176 千字
版　　次：	2024 年 12 月第 1 版
印　　次：	2024 年 12 月第 1 次印刷
标准书号：	ISBN 978-7-5075-6097-8
定　　价：	65.00 元

版权所有，侵权必究

总　序

文化自信体现在一个国家、一个民族对自身所拥有的文化基因的充分肯定和积极推广，是对自身文化生命力和影响力的坚定信心。中华优秀传统文化是文化自信的重要来源。

任何一个文化大国的崛起，既要有对本民族传统文化的自觉自信，还要有博大的胸怀，去包容、理解、关注并善于学习其他民族的优秀文化，会通以求超胜。这是当今时代赋予我们的机会和使命。

中华传统诗歌，在域外古今通行的名称曰"汉诗"。域外研究和创作汉诗，始于汉诗东渐，迄今约已两千年之久。汉诗文化输出后，或多或少融入域外本土文化，在亚洲文化圈及诸多国家形成了独特的中国文化情结。这一特殊的文化现象，在世界文化交流史上有着重要的研究价值。钟情汉诗乃世界各国汉学家与汉诗诗人的共同爱好。这一爱好从历史上看，同中国与其他友好国家的文化情谊一样久远，可谓"异域知音代有人"。

我们编辑出版的这套"域外诗谭译丛"系列，是由国际儒联支持，叶嘉莹先生主编、陈斐执行主编，华文出版社组织高校古代文学与中外比较文学领域文化名家、学者共同编译的反映异域"知音"所思所想的读物。该系列精选10种来自日本、美国、英国、加拿大的著名汉学家撰写的中国古代诗人传记性研究论著，由海内外有影响力的知名译者进行翻译。本套译丛旨在传播海外著名汉学家的研究成果与思想精华，推动海内外诗词文化研究的交流互鉴。

中华民族很早就洞察到了"和实生物，同则不继"的道理，以开放、包容的心态积极借鉴、吸纳外来文明成果，这是中华文明绵延不绝、永葆生机的奥秘所在。仅就诗歌而言，隋唐之际，伴随着丝绸之路上的声声驼铃而来的西域诸民族音乐，在中原流行开来，促成了"燕乐"的繁荣，催生了"词"这一崭新的文体。五四新文化运动的宁馨儿"新诗"，更是在对外国诗白话译作的揣摩、效仿中成长起来的。今天，中小学课本选录了不少外国文学作品，域外诗人佳作已经像李白《静夜思》那样，深深融入并塑造了中国人的思想内核与情感结构：雪莱"冬天来了，春天还会远吗"的希冀，不知温暖了多少身处逆境的中华儿女；普希金"但愿上帝保佑你，另一个人也会像我爱你一样"的忧伤，不知引起了多少炎黄子孙的共鸣。

同样，中华文明的优秀成果，特别是诗歌名篇，很早就走出国门，为世界各国人民所欣赏。20世纪英美诗歌的重要流派——意象派，就深受中华诗词影响。唐代诗僧寒山，也被很多美国文艺青年奉为精神偶像。近代以来，为了满足本国读者了解中华伟大诗人的需求，海外汉学家撰写了不少传记性著作，本译丛所选即是其中的精品。虽然由于语言、文化及时空的隔阂，它们难免存在误读、疏漏、过滤或偏见，但基本呈现了诗人的生平经历、诗歌成就及人格魅力。而且，也正因为汉学家具有天然的"异域之眼"——文化背景、学术传统、批评语境、问题意识、社会期待等都与中国学者有异，所以他们更容易提出令我们耳目一新的观点，这不仅实现了中华伟大文学经典"意义的增殖"，也推动了中华文化走向世界、融入世界的潮流。现在，我们把这些"陌生的熟人"择优翻译回来，一方面期望"他者镜像"能够促使我们更好地认识"自身面目"，另一方面也期望为"自身"发展，特别是传统文化现代化、当代文艺研究与创作，提供有益的启示。

目前，人工智能技术使信息获取、交流变得空前便捷，但也有可能使人困于"茧房"而不自觉。算法究竟是升起一道道的"硅幕"，还是架起一座座的桥梁，全看人类的选择。真实的"丛林"，不只是弱肉强食，更有共生互助，否则无法存在。人工智能高速迭代的风险，警告人类比任何时代都要沟通包容、团结互助，但世界依旧冲突频发、干戈不息。

"山川异域，风月同天"，诗和远方是人类超越时空、跨越国度的共同向往，希望这套展现了中华文明永恒魅力、凝聚了多国人民"知音"之谊的译丛，能够促进人类的交流与合作，为世界带来更多的和平与幸福！

目 录

《孟浩然诗》英译本导言（2021年，代序）   001

第一章　序曲   001

第二章　襄阳之地与其传说   014

第三章　旅人视界   064

第四章　朋友交谊   087

第五章　远离尘嚣   110

第六章　法界   126

第七章　仙界   156

第八章　尾声   174

参考书目   178

后记   192

《孟浩然诗》英译本导言
（2021年，代序）①

　　唐玄宗朝（712—756）加上随后十年左右的半个世纪，普遍被视为唐诗最辉煌的时期（即所谓"盛唐"），当时最著名的三大诗人是李白（701—762?）[编者注：《辞海》（上海辞书出版社，2019年版）为（701—762）]、王维（701—761）、杜甫（712—770），接着人们一般就会想到诗人孟浩然（689—740）的名字。与其他三位诗人的作品相比，孟浩然的现存作品数量要少得多，形式和题材也缺乏多样性，所以他排在第四似乎有点奇怪；这很大程度上是后来声誉变化的结果，文学史上屡见不鲜。从当时两部诗选（详见下文）选诗的相对数量可以看出，孟浩然只是众星云集的盛唐诗空中众多中等亮度的明星之一。

　　他现在作为那个时代最受尊敬的四大诗人之一的名声，主要应归功于1764年孙洙编选的18世纪诗选《唐诗三百首》，此书所收的孟诗数量（13首），除杜甫（36首）、李白（35首）、王维（28首）外，比同时代其他任何诗人都多。②过去200多年间，《唐诗三百首》一直是人们了解唐诗的标准起点，它的选择和给予每位诗人的分量很大程度上决定了一代又一代读者的初始评断。但把孟浩然提升到略逊于李白和杜甫、与王维相当或接近的高度，则要追溯到九世纪末和唐代最后几十年。当时，皮日休（834?—约883?）[编者注：《辞海》为（约838—约883）]声称，只有孟浩然能与李白、杜甫并肩同列而无愧色。③在宋代，人们往往把王维、孟浩然合称为"王孟诗派"，认为该诗派重视山水意象和朴实的措辞。④在承认杜甫、李白的伟大无与伦比之后，王、孟则常被视为盛唐诗中令人钦佩的第二等优秀者。孟浩然诗甚至被严羽（1191—1241）用作禅悟的例证。⑤他的《春晓》是几百年来年轻学生最先记诵的诗歌之一（从而铭记终生），因为它是最流行的唐宋诗开蒙读物的开场诗。⑥

不过，从孟浩然生前及身后不久的诗歌和相关评论来看，他的名声除了要归功于他的诗歌本身，似乎同样也要归功于他令人难忘的个性、他身上可感知得到的对政治抱负的淡泊。那些赴任或卸任途中经过他家乡襄阳（今湖北省中北部）的人，往往在那里见到或渴望见到他。感觉他有时被看作外省圣人一类的人物，特别是在他晚年。不用说，在这种场合常见的社交环境中，以及孟浩然自己在游历途中的类似邂逅中，都肯定会有诗作问世。

孟浩然和他那个时代的其他诗人出现在了盛唐时期编纂的两大当代诗歌选集中：《河岳英灵集》和《国秀集》。孟浩然在这两部诗选中的出现方式很能说明一些问题。《河岳英灵集》名气更大、影响更深，753年由做过小官的殷璠编选而成，最初选录了活跃于714年至753年间24位诗人的234首（今为229首）诗。⑦这部诗选共收孟诗9首;其他23位诗人,收诗超过9首的12人,不到9首的11人,孟浩然刚好处在中间。但是,如果统计诗歌行数,只有四位诗人的行数少于孟浩然。《河岳英灵集》包含大量古体诗,而非结构更严谨的近体诗。但9首孟诗中有8首为近体诗,在该诗选所有诗人中占比最高。这实际上也准确反映了孟浩然的个人偏好,这种偏好在其现存作品中显而易见。殷璠在诗人小传中这样说道:

  及观襄阳孟浩然,罄折谦退。才名日高,天下籍甚。竟沦落明代,终于布衣。悲夫。浩然诗,文彩苹茸,经纬绵密,半遵雅调,全削凡体。

另一部流传至今的盛唐诗选是《国秀集》。这部诗选744年由太学生芮挺章编选而成,可能是用于个人学业;芮挺章去世后,到了760年才流传开来。这部诗选最初收录90位诗人的220首诗(今为88位诗人的218首诗)。与《河岳英灵集》不同的是,《国秀集》超过90%的诗歌都是近体诗。这一倾向性如此明显,让孟浩然更加引人注目。《国秀集》收孟诗7首,其中6首是近体诗;孟浩然也是该书收诗数量第二多的诗人。⑧

  当我们考虑所有的今存孟诗时,发现略多于一半的诗作(263首中的133首)是律诗。再加上37首排律,则近体诗占比接近70%;这还不包括25首四行诗,其中大部分也是近体诗。我们还注意到,这263首诗中,只有15首为七言,其他都是五言,占比高达94.3%。王士源在孟浩然诗集的序言(详见下文)中说:

"五言诗天下称其尽美矣。"现存孟诗最长的也才二十六行。除9首古体诗外,其余所有诗作都只押一韵,所以只有一个诗节,诗节长短不一。另外,孟浩然也没有篇幅更长的"赋"传世。因此,我们看到的是这样的一位诗人:他只在相对有限的选项中创作,不冒险远航,而且几乎只写五言诗。宇文所安(Stephen Owen)对他的评价很中肯:

> 孟浩然诗的诗歌体式有限,这部分解释了他作品整个风格的同质性。他确实会根据场合的正式程度调整自己诗歌风格的正式程度,也确实会将适用不同场合的诗歌风格相混杂,但他很少创造性地使用其他诗体或前辈诗人的风格。然而,在其限定范围内,孟浩然是一位大师。[9]

大多数孟诗不超过40个字,几乎没有哪首诗超过80个字,点到为止和暗示就是全部,在理想情况下,每一行都能唤起比字面意思更多的东西。孟浩然也可以很博学、很正式,特别是在那些写给地位比他更高的人的诗中,但人们最常有的印象大概是他平易近人,有时甚至还能感受到个体的脆弱性,这一点有时相当迷人。的确,1000多年来,大多数读者一致认为,在他为数不多的限定领域里,他是最有效的诗人,而且常常是感人至深的诗人。

生 平

我们对孟浩然生平的了解,大多来自他本人的诗和别人写给他的诗。几乎所有这些诗都没有标明日期,所以,我们虽然知道写诗时他人在哪里，能在地图上标出他去过的地方，但我们对他在某个地方的确切时间（季节除外）、对他游历的确切行程的了解，多半都只是推测。这种推测还取决于我们对他朋友和诗友的时间和行程的了解。因此，各种相互竞争的诗人履历被构建出来，多多少少都有可信度。虽说一些事实和地点相当清楚，但没人能确定所有相关细节，比如他多久去一次长安和洛阳，⑩他游历长江中下游地区，乃至长江以南地区的确切年份和频率。

《旧唐书·孟浩然传》仅有44个字，只告诉了我们三件事：他隐居襄阳鹿门山，40岁时进京应进士举不第，张九龄（678—740）镇抚荆州时（张九龄出任荆州大都督府长史的时间，我们知道是737年年中至740年年初）被署为从事。《新唐书·孟浩然传》篇幅稍长，同样称他隐居鹿门，但补充说这是他年轻时的事；同样称他40岁时进京，但没提他应试或落榜的事；同样也提到张九龄晚年任命他担任官职的事。《新唐书·孟浩然传》还记载了三则轶事，可信度不一。第一则轶事最可信，称他游历京师时"尝于太学赋诗，一座嗟伏，无敢抗"。第二则轶事显系虚构，称皇帝造访王维住所时孟浩然正好在那里；据说孟浩然躲到床下，但被皇帝叫出来诵诗，然后当孟浩然诵至暗示自己被皇帝弃用的诗句时，皇帝就令他回家乡襄阳。第三则轶事几乎不可能，称孟浩然没有履行与某位高官的事先约定，这位高官本想带他一同进京，向朝廷举荐他，而孟浩然没有践约的原因是他与朋友喝酒喝得太尽兴了。除了这些轶事，《新唐书·孟浩然传》称孟浩然因背部疽肿复发而卒于开元（713—742）[编者注：《辞海》为（约713—约741）]末年，还引用了几十年后某人的一封信，信中请求当地军事长官（节度使）修复孟浩然墓，最后还说王维曾在一位刺史宅中画过一幅孟浩然像。这些材料，主要出自诗人去世后王士源为他编选的第一部作品集所写的序言（详见下文）。这里只补充一点，王士源《序》提供了孟浩然去世的更确切时间，即740年年初，享年52岁，倒推生年，当在689年。⑪

正史这两种本传的可靠信息很少。仔细琢磨的话，《旧唐书·孟浩然传》长期以来一直被人采信的两个说法，其实根本就不可信。一是说孟浩然隐居鹿门。如果孟浩然确实在鹿门有住所的话，那也只是他早年间的事，当时他和他的毕生好友张子容都在那里住了一段时间。除此之外，就他一生的大部分时间而言，他在襄阳的家显然是他所说的"涧南园"。涧南园似乎是不大的孟氏地产，在襄阳西南不远处，靠近岘山——孟诗最常提到的地方，在历史和文学上享有盛名。⑫孟浩然谈到"归"，特别是他写于襄阳一带的诗歌中的"归"字时，他几乎总是指涧南园，而非鹿门山。

《旧唐书》中第二个，也是更令人惊讶的需要纠正的说法，是说他"应进士不第"。几乎所有论者都不加质疑地接受了这件据说是发生了的事情，这件事也在构建诗人履历时发挥了重要作用。但很少有人注意或提及的是，《旧唐书》中这短短的五个字，便是唐代以及随后的五百年间关于孟浩然应试的唯一出处。其他任何文献都没有提到或暗示他落第，甚至没提及他参加了考试：同时代人写给他或谈到他的各种文字没有，孟集的早期序文没有，后来的唐代作家没有，宋以来汇集唐代诗人史实、闲话或轶事的各种文本（如著名的《唐诗纪事》《唐才子传》等）也没有。年届四十,且有一定文名,应试(并落第)这件事应该并不寻常,若果真如此,唐代的各种文史作品中应该至少会有人出来议论一番。⑬

这种持久的沉默很难说得通,除非我们换种思路:可能没有应试这回事,《旧唐书》记载有误,对此《新唐书》的编者悄悄做了修正,只简单说孟浩然40岁时第一次进京。当然,这并不意味着孟浩然对仕进毫无兴趣,他抱怨自己不被重视的诗歌不止几首。不应试只是意味着他游历京师时把这方面的希望寄托在了个别人的认可和举荐上。芮挺章《国秀集》中对士人身份的标注为这种思路提供了另一条线索。在唐代,进士考生称"进士",及第者称"前进士",芮挺章经常把这些术语用作他诗选所收诗人的身份标签。鉴于他自己是准备应试的太学生,很可能对最近的中榜名单感兴趣,也有渠道接触该名单,因此,他书中的这些身份标签很可能是准确的。⑭他对孟浩然身份的标注,不是"进士",也不是"前进士",而是"处士"。⑮前引殷璠《河岳英灵集》的诗人小传,似乎也暗示孟浩然从未求取官衔职位。

大家可能还会发现,一旦抛开孟浩然中年应试说,他几首诗的解读和系年问题就不存在了。⑯

这样一来,我们就可把孟浩然开始涉足长安公共领域的时间系于727年年末或728年年初(此前他肯定结识了一些途经襄阳的官员,以及与公务无关的旅人,后者里面可能就有李白)。这次京师之行,让他接触到了更广泛的人群,如王维、王昌龄所属的年轻士人群体,以及年长的重臣张九龄。⑰长安之行后,孟浩然似乎随即又游访了东都洛阳,而此后,在他生命中剩余的十多年间,他不是畅游天下(有他的诗歌为证),就是待在襄阳家中。也主要是这段时间,他似乎获得了地方名人的身份,他生活在襄阳城外的乡间,远离日常喧嚣,但又绝非一个彻底的隐士。

前面说过,737年张九龄罢相,调任荆州大都督府长史,邀请孟浩然入幕担任从事一职。这是孟浩然生平唯一一次穿上官袍扮演官员角色。他肯定会负责一些次要公事,但我们主要了解的是他在737年年末至738年年中张九龄巡视其所辖区域期间作为旅伴和诗歌酬唱的诗友的活动(照例是通过他的诗歌)。似乎做官还不满一年,孟浩然就辞职回到了襄阳老家。这次他在襄阳的时间不长,740年就去世了。

文本与版本

孟浩然诗的文本历史过于复杂混乱,这里只能简单勾勒。这要从他去世后的十年内说起。孟浩然去世时没有留下一部编排好的或完整的作品集。745年或其后不久,宜城人(宜城在襄阳以南六英里处)王士源开始着手搜集孟诗。王士源与孟浩然素不相识,他编纂孟集似乎是出于乡邦敬意和个人欣赏。王士源以虔诚道士知名,修炼秘术,编孟集前已因"恢复"(其实是凭空编造)所谓的道教古代典籍《亢仓子》而有些名气;742年,《亢仓子》被皇帝短暂地提升为正典,与另外四部书(《老子》《庄子》《列子》《文子》)同为新设立的道学举士的基础文本。由于王士源从未见过孟浩然,也无书信往来,他《序》中描述的历史、轶事信息,纯属传闻之辞,是依赖他所说的"详问"他人。如前所述,这些传闻构成了《新唐书·孟浩然传》内容的主要部分,而《新唐书·孟浩然传》直接借用了王《序》。

王士源说，745年他游历京师时才得知孟浩然的死讯，于是决定搜集诗人的作品。正是这里，王士源的记叙最有价值。他说，孟浩然没有刻意保留手稿，经常因为文不逮意而将其"毁弃"，而且诗人诗作散落在他游历途中各处，未留底稿。他说自己在附近村庄和其他各处收集孟诗，还悬赏征集（这样的话，至少有些投稿肯定存疑）。最后，他估计自己搜集的作品数量不到孟诗的一半。不过，他成功辑录了218首诗，分四卷，包括一些其他人写给孟浩然或与孟浩然唱和的诗歌。[18]

王士源整理的这部稿本，或者说得更确切些，由不止一人抄写的一个抄本[19]，题为《浩然文集》，在750年引起了在京城任集贤院修撰的韦滔的注意。韦滔提到，如果不是王士源（韦滔自称是王的崇拜者），孟诗就不过是"十数张故纸"。但困扰韦滔的是，王本早已"纸薄墨弱"，于是他重加缮写，"增其条目"。接着，他又迈出了很重要的一步，将新抄本呈送皇家图书馆（秘府）保存。韦滔此举大大增加了抄本的传世概率，最终成为孟集一个重要版本系列的主要源头，当然后来加入的改动和异文在所难免，诗歌数量也在接下来的几个世纪里不断增加。

孟集第二个几乎同样久远的源头，是孟浩然弟弟孟洗然编纂的三卷本。最早著录这个版本的是《新唐书·艺文志》，只有寥寥数语，著录同时还提到了王士源本，可见当时皇家图书馆有孟集的两个版本。孟洗然编孟集的过程，我们一无所知，但这个版本必定后于王士源本，不然王士源应该会提到或利用它。我们还可假定，孟洗然在家有条件接触到兄长的一些材料，这是王士源接触不到的。

　　南宋以来，这两个孟集版本的流衍变得极其错综复杂。我们知道孟集在清代有二十多个不同版本，很多版本互有交叠、相互牵缠，孟诗的数量也超过了260首。对孟集版本，英语学界最深入的研究是1977年白润德（Daniel Bryant）的博士论文。[20]汉语学界也有不少研究成果，其中最有用的大概要数2011年吕正惠发表的一篇相对简短但内容充实的总结性文章。[21]吕正惠考察了孟集四种最重要版本的差异。这四种版本分别为：（1）原刊于四川的南宋木刻版，后归清代藏书家黄丕烈（1763—1825）所有，这是现存最早的孟集版本，可能间接出自王士源本；（2）16世纪上半叶苏州刊刻的明木活字本，可能间接出自孟洗然本；（3）1550年左右刊刻的明中叶刻本，属《唐十二家诗集》系列，可能间接出自孟洗然本，后收入《四部丛刊》，多次重刊；（4）1576年顾道洪木刻本，底本乃元代刘须溪（刘辰翁）本，可能间接出自王士源本。

　　吕正惠令人信服地指出，尽管这四个版本和其他众多版本都不能说完全可靠，但《四部丛刊》等刊行的明中叶本仍是最值得信赖的，需要校改的地方相对最少。这个版本正是我在英译本中采用的底本，同时我也沿用了这一版本的诗作排序。英译本共有孟诗263首，分四卷，按诗体编排，依次为：五言古体诗、七言古体诗、五言排律、五言律诗、七言律诗、五言绝句、七言绝句。我还增加了简短的第五卷"集外诗"，包括一些明中叶本未收但被认为是孟诗的作品，其中大部分的作者归属都有几分可疑。

　　从上面这些内容可以明显看出，就像所有唐代诗人的作品一样，我们没有作者手书的诗歌原版，我们有的只是各种版本中的诗歌，由不同的人——有的我们知道名字，有的不知道——编辑和传播，反映的是后世不同时期的阅读孟诗的快照。很多孟诗的异文数量让人沮丧，似乎有时候，同一首诗可能呈现给我们一位观点不同的诗人，而这取决于我们读到的是哪种异文。用有判断力的思考和可靠的历史知识，再结合通行的校勘原则，使我们也许可以在字与词的异文中做出有根据的判断，尽量不改动原文。本书对所选底本作了相对灵活变通的翻译；采用其他版本的异文时会一一注明，各种读法都读不通时，才会改动底本文字。

注　释

① "Introduction", in *The Poetry of Meng Haoran* (Berlin/Boston: De Gruyter Mouton, 2021), trans. P. W. Kroll 柯睿, xvii-xxx。此书为孟浩然全诗的英语全译本，并附有注释。
② 就其他所有唐代诗人而言，只有李商隐（813？—858）诗的数量超过了孟浩然，收 23 首。
③ 皮日休与孟浩然同乡，这番话又出自他的"孟亭"记叙文，观点略显夸张是可以理解的。皮日休《郢州孟亭记》，见《全唐文》（台北：华文书局 1965 年版），卷七九七，页 3b—5a。
④ 尽管他们两人所用的山水意象和措辞的藻饰程度往往大不相同。
⑤ 郭绍虞：《沧浪诗话校释》（人民文学出版社 1983 年版），"诗辨"，第 12 页。相关段落的英译，见 Stephen Owen 宇文所安, *Readings in Chinese Literary Thought* (Cambridge, Mass.: Council on East Asian Studies, Harvard Univ., 1992), 402。没有证据表明孟浩然本人是虔诚的佛教徒或学佛之人。
⑥ 即《千家诗》，有多种版本。

⑦ 见P. W. Kroll柯睿,"Heyue yingling ji and the Attributes of High Tang Verse," in *Reading Medieval Chinese Poetry: Text, Context*, Culture, ed. Kroll柯睿 (Leiden: Brill, 2014), 169–201。

⑧《国秀集》收诗最多的诗人是今天几乎已经被人遗忘的卢僎（741年在世），共13首。收诗数量与孟浩然同列第二的诗人还有王维和崔颢（约700—754?），各7首。

⑨ *The Great Age of Chinese Poetry: The High T'ang* (New Haven: Yale Univ. Press, 1981), 76.

⑩ 如谷口明夫《孟浩然事迹考——上京応試をめぐって》,《中国中世文学研究》1976年第11期，第48—65页。

⑪ 切记，按中国传统的计龄方式，刚出生即为一岁。关于使一些学者将孟浩然的生年误以为是691年的争论，见P. W. Kroll柯睿,"Wang Shih-yüan's Preface to the Poems of Meng Hao-jan," *Monumenta Serica* 34 (1979–80): 364, n50。

⑫ 陈贻焮《孟浩然事迹考辨》，见陈贻焮:《唐诗论丛》（湖南人民出版社1980年版），第1—8页; P. W. Kroll柯睿, *Meng Hao-jan* (Boston: G. K. Hall, 1981)，第二章, "The Land and Lore of Hsiang-yang."。

⑬ 确实，说有易，说无难，但比起假定唐代没有人认为有必要，甚至有兴趣提及孟浩然落第来，假定他没有参加进士试更有可能。

⑭ 如果这些身份标签是760年芮挺章的朋友楼颖为《国秀集》作序时加上的，关于身份标签准确性的推论也同样可以成立，因为集中标出的一些诗人的官衔是准确的。

⑮ 陈振孙《直斋书录解题》（约1235年）显然也沿用唐代术语称孟浩然为"进士"，这是我所知的唯一一份称孟浩然为"进士"的宋代文献，大概受了《旧唐书传·孟浩然传》的影响。一个世纪以前，晁公武《郡斋读书志》（1151）也像《国秀集》一样，只称孟浩然为"处士"。

⑯ 萧兰英《孟浩然"应进士"质疑》提出了很多问题，其中有些与我在前两段文字中谈到的问题相同。萧文见王辉斌主编:《孟浩然研究论丛》（安徽师范大学出版社2011年版），第94—101页。

⑰ 或者，如果像有些论者所言，孟浩然726年游历洛阳期间已结识了这些人，那时他们就会"来往更密切"。

⑱ 王士源《序》全文译注，见 Kroll 柯睿，"Wang Shih-yüan's Preface to the Poems of Meng Hao-jan," *Monumenta Serica* 34 (1979–80): 349-369。但文中有些地方应该重新修正。

⑲ 韦滔提到的这一点（"书写不一"）很重要，说明王士源本已经被人编辑过，可能有韦滔没有看出来的异文或增补。因此，所谓"王士源本"只是一种方便的说法，严格说来并不准确。

⑳ Daniel Bryant 白润德，"The High T'ang Poet Meng Hao-jan: Studies in Biography and Textual History"(Ph.D. diss., Univ. of British Columbia)。白润德极其推崇1576年顾道洪本，但顾本并不是最完整、最可靠的本子，这略微损害了他这篇博士论文的价值。白润德对孟浩然生平事迹的记述虽然说得很肯定，但就像所有探讨孟浩然生平的尝试一样，也同样面临难以避免的不确定性的问题。

㉑ 吕正惠《孟浩然诗集的版本问题》，收入王辉斌主编：《孟浩然研究论丛》，第145—156页。

本书1981年出版，译为中文时没有改动。如果可能，我愿意对书中的某些地方进行修改，不过我觉得这本书的内容仍然基本可靠，也希望对读者或许仍然有用。

——柯睿

大事记

618年　6月18日，唐王朝建立

689年　孟浩然出生

690年　10月16日，武曌（武"后"）建立周朝

701年　李白、王维出生

705年　3月3日，李唐复辟，李显（中宗）即位

710年　7月26日，李显弟弟李旦（睿宗）即位

712年　杜甫出生。9月8日，李旦禅位给儿子李隆基（玄宗）

713年　12月22日，改年号为"开元"

737年　秋，孟浩然被张九龄任命为荆州"从事"；次年春，辞职

740年　孟浩然去世

742年　2月10日，改年号为"天宝"

755年　12月16日，安史之乱爆发

756年　8月12日，李隆基退位

第一章　序曲

689年孟浩然出生时，差不多70年前李氏家族建立的唐王朝正由武则天掌权，她是唐代第三任皇帝李治（649年—683年在位，庙号高宗）的遗孀，地位尊贵，为人强势。翌年十月，武则天立周代唐，即皇帝位，自名曌，成为统治中国的唯一一个女天子。武"后"君临天下，直到705年年初，因年近八十，行事日益乖僻固执，终被强行废黜。武曌退位，李唐复辟。孟浩然在武周这短暂的15年间度过了他的童年时代。

孟浩然的青春期，大致与李显（庙号中宗）——或更准确地说，韦皇后以及他们的女儿安乐公主——奢华铺张、阴谋迭出的统治时期（705—710）相重合。710年，李显驾崩，其弟李旦（庙号睿宗）即位。到712年9月李旦主动让位给年轻气盛的儿子李隆基（庙号玄宗）时，孟浩然已步入成年时期。

713年12月下旬，玄宗大权在握，改年号为"开元"。整个开元年间（到742年年初），唐王朝欣欣向荣，这是国家普遍繁荣安定的繁盛之世。随后的天宝年间（742—756），至少就宫廷而言，甚至更强大、更辉煌，但因安史之乱突然爆发而告终，经此一乱，玄宗被迫退位，国家陷入八年之久的战乱。孟浩然没有活着见证玄宗当政期的不幸结局。他于740年去世，幸运地在灿烂的开元年间度过了他的整个成年时期。

预备知识

正史，即两《唐书》，对孟浩然的生平事迹着墨不多。《旧唐书·孟浩然传》只有44个字，全文如下：

> 孟浩然，隐鹿门山，以诗自适。年四十，来游京师，应进士不第，还襄阳。张九龄镇荆州，署为从事，与之唱和。不达而卒。①

这段生平梗概，见于《旧唐书》"文苑"部分，"文苑"只载录那些文才出众但不符合人格完满的君子的古典标准的人。②从这寥寥数语，可知孟浩然生平的一些基本事实：他对家乡襄阳的依恋（详见第二章，鹿门山乃襄阳名山），对诗歌的热爱，科举入仕的尝试相对较晚且不愉快[补注一]，曾在朋友张九龄（678—740）行省幕中短暂充任临时职务——张九龄原为朝中丞相，737年被贬坐镇荆州（襄阳为荆州属地）。

《新唐书·孟浩然传》③对《旧唐书》的记载作了增饰，主要是增加了三则轶事。其中，两则轶事据说乃孟浩然游历京师长安时事：一则说他"尝于太学赋诗，一座嗟伏，无敢抗"，另一则说他意外撞见皇帝本人，皇帝令他朗诵诗作，诵至"不才明主弃"句时，皇帝认为这是对自己的诽谤，不容分说，放之还乡。第三则轶事称孟浩然与一群好友畅饮甚欢，竟粗鲁地无视与某位本欲向朝廷举荐他的高官的会面约定。《新唐书·孟浩然传》中的孟浩然，是一个可敬又有点率性的才士，不太讲究社交礼仪。

《新唐书·孟浩然传》所载的这三则轶事里面，孟浩然与玄宗糟糕会面那则肯定不足为凭，④其他两则轶事最早见于王士源（745年在世）编纂孟浩然集时所写的《序》，这部诗集编于孟浩然去世后10年内的745—750年间。王士源的《序》是同时代人写的关于孟浩然的篇幅最长、最重要的一篇文章，我曾在别处发表过这篇序文的全文译注，⑤这里只大致谈谈序文本身及其作者。

王士源是道教信徒，因"恢复"《亢仓子》而成名，《亢仓子》是早期道家思想的一种拼合文本，据说作者是老子的某个弟子。多亏王士源的努力，该书曾在742年短暂地跻身经典，与《老子》《庄子》《列子》《文子》并列。奇怪的是，尽管王士源与孟浩然似无私交，但745年他一得知孟浩然死讯后就着手收集并推出其诗作。这个工作比王士源想象得更难，正如他在序中所说的：

> 浩然凡所属缀，就辄毁弃，无复编录，常自叹为文不逮意也。流落既多，篇章散逸，乡里构采，不有其半。⑥

王士源所辑218首孟诗——随后几百年间还有过几次增补——是后世大多数孟集版本的基础。王士源推出孟集的动力似乎有两个方面。首先，他真心欣赏孟诗，担心它们被后世读者遗忘：

> 未禄于代，史不必书，安可哲踪妙韵，从此而绝？……既无他事，为之传次，遂使海内衣冠缙绅，经襄阳思睹其文。⑦

其次，王士源还觉得自己与诗人的地缘关系很紧密，孟浩然的家乡襄阳距离王士源的家乡宜城只有五英里远，传播同乡人的作品有某种程度的地方自豪感。

王士源的《序》很重要，因为它出自同时代人之手，还包含了《新唐书·孟浩然传》所载轶事和段落的最早版本，但就诗人的生平细节而言，又太过简略。尽管如此，王《序》为我们提供了一份孟浩然的密友名单：既有名人张九龄、王维（701—761），也有名气不大的裴朏、卢僎、裴总、郑倩之、独孤册（孟浩然与朋友的交游，见下第四章）。王《序》还提供了孟浩然去世的一些信息：

> 开元二十八年（740），王昌龄（698？—757，当时最著名的诗人之一）[编者注：《辞海》为（698—756）]游襄阳，时浩然疾疹发背且愈，相得欢甚，浪情宴谑，食鲜疾动，终于冶城南园（南园，孟浩然家宅，在襄阳以南），年五十有二。⑧

卒年是孟浩然年表中为数不多的确切日期之一。卒时52岁（按中国人的算法），则生年当在689年。⑨

然而，我们对孟浩然生平的了解，可能比不上我们对唐代任何一个与他名气相当的诗人的了解。他的行旅诗和赠答诗确实可以让人推断出很多内容，用这种方式推测成编的孟氏年表也不少见。⑩但是，就我们手中的材料而言，只有少数日期确凿无疑，为孟浩然编订详细年谱的每一次尝试都必须看作多多少少是尝试性的。本书给出的诗人行程日期,是我觉得最合理可靠、最有说服力的假设;但很多时间点也还有讨论的余地。

不过,在我看来,对下面这些内容我们还是有一定把握的。孟浩然大概在襄阳一带度过人生的前30年后,第一次值得注意的离家出游是在718年,目的地是洛阳,王朝的"东都",一座让人联想到数百年帝国历史和高雅文化的名城。在洛阳,孟浩然见到了著名政治家姚崇(651—721)[编者注:《辞海》为(650—721)],玄宗在位初期最有影响力的丞相,如今过着舒适的退休生活;⑪孟浩然赠诗一首请求荐举,但老先生似乎没有给他任何帮助。⑫八世纪二十年代中期,孟浩然又一次来到洛阳,随后又前往扬州和长江下游(今江苏南部)。727年年底,他来到京师长安,这可能是他唯一一次到长安。进士试落第后[补注二],他滞留长安,次年秋天才回到家乡。在早年的这些游历中,他结识了当时的一些成名作家和有权势的官员,如张说(667—731⑬)、张九龄,以及很多杰出的年轻才士,如王维、李白、王昌龄。

孟浩然用时最长的一次游历在八世纪三十年代初,约有三四年时间。其间,他漫游吴越旧地,从浙江的海滨山地,到长江左岸的彭蠡、洞庭两大湖泊。如前所述,他曾短暂地(737—738)在时任荆州大都督府长史的朋友张九龄手下任职,在职期间,他和张九龄的足迹所至,大致涵盖今天的整个湖北省。游历长安后的某个时间,他还曾西游巴蜀地区。孟浩然葬于家乡襄阳城南几英里处的凤林南麓。⑭

在同时代人看来,孟浩然生平的大事件,似乎是他未能成功地在文官机构中获得固定职位,并由此热心隐居生活。陶翰,一位 730 年进士及第的受人尊重的作家,一方面赞美孟浩然的文学造诣堪称"诗伯",同时又感叹道:"嗟乎夫子!有如是才、如是志,且流落未遇。"⑮李白的名篇《赠孟浩然》则正面看待孟浩然的无官无职,认为这是他有意识的选择,是他个性的标志:

赠孟浩然

吾爱孟夫子,风流天下闻。
红颜弃轩冕,白首卧松云。
醉月频中圣,迷花不事君。
高山安可仰,徒此揖清芬。⑯

这首诗写于 733 年⑰,诗中描绘的孟浩然形象在此后数百年间为人所公认。这里,我们看到的是一个不受约束的孤独者,他毫不在意象征官位特权的车服物饰,在平常之乐("圣",唐时指称清酒)的纯粹和大自然的安宁中逍遥自在。可以想见,这首赠诗,意在呈现受赠者孟浩然的形象,这个形象,李白——比孟浩然年轻 12 岁——觉得是对夫子的恭维,而夫子也乐意接受。确实,这也是孟浩然本人很多作品(虽然绝非全部)喜欢摆出的那种姿态。

下面这首诗中对我们言说的诗人,不难认出正是李白诗中那个诗人的光彩形象:

宿来公山房期丁大不至

夕阳度西岭,群壑倏已暝。

> 松月生夜凉，风泉满清听。
> 樵人归欲尽，烟鸟栖初定。
> 之子期宿来，孤琴候萝径。⑱

这首平和的抒情诗，再现了夜晚的宁静孤寂之美，是孟浩然最著名、最常被收入各种选本的诗作之一。这类作品侧重于描写自然界的视听形象，在很多人看来，代表了与孟浩然联系在一起的典型诗风。唐诗研究的一个普遍趋势也因此将孟浩然与王维并称，认为他们是山水诗的典范名家。我们稍后（见第五章）再讨论这种看法的意义和有效性。

不过，在开始研究孟浩然其人其诗时，我们最好淡化（不是忽略）关于他的传统说法，即倾向于将其人其诗视为栖居自然的隐士的缩影。要准确理解并欣赏他的诗歌，就要同样了解他作品的其他面向。举例来说，我们必须考虑下面这样的"非典型"诗作：

春怨

> 佳人能画眉，妆罢出帘帷。
> 照水空自爱，折花将遗谁。
> 春情多艳逸，春意倍相思。
> 愁心极杨柳，一种乱如丝。⑲

这首诗的题材和语调颇为秀雅，出现在一位"山水"诗人的诗集中可能很令人惊讶。诗歌最后一联的比喻别出心裁，尤其值得注意的是：少女的心就像杨柳一样，少女一旦恋爱，注定会希望渺茫，而杨柳一旦栽种，注定会长出纷乱低垂的枝条。十世纪以华丽诗风作为选诗标准的著名诗选《才调集》㉚选孟浩然诗两首，《春怨》就是其中之一。虽说这类诗歌在孟浩然集中不占主导地位，但类似例子也不难看到。

孟浩然诗不容忽视的另一个面向，是从中可见他早年的仕进心，这在当时看来也是相当热切的。这个志向在他不少诗作中有着强烈表达，可以说几乎是不加掩饰地请求在政府中任职的熟人伸出援手。很多这类诗作大量使用出自经书文本的典故，意在以诗人的渊博学识和他对共同文学遗产的娴熟掌握来打动读者。显而易见，这类诗作的英译不会让人直接获得阅读快感；如果不浸润于这个传统本身，不熟悉这些诗歌所凭据的文化和文学知识，这些作品很可能像是乏味的炫学之举。但是，对当时的读者来说，这类诗歌很能说明作家的才华，至少是他的学识。下面这首诗便是孟浩然以这种风格写作的一个很好的例子。此诗也让我们特别感兴趣，因为它较为明确地表明了诗人写这首诗时是如何看待他自己和他的志向的。我们先英译全诗，接着再逐句解说：

书怀贻京邑故人

惟先自邹鲁，家世重儒风。
诗礼袭遗训，趋庭绍末躬。
昼夜常自强，词翰颇亦工。
三十既成立，嗟吁命不通。
慈亲向羸老，喜惧在深衷。

甘脆朝不足，箪瓢夕屡空。
执鞭慕夫子，捧檄怀毛公。
感激遂弹冠，安能守固穷。
当途诉知己，投刺匪求蒙。
秦楚邈离异，翻飞何日同。㉑

（1）我奉为先祖的两位圣人来自邹、鲁两国，即邹国的孟子（与我同姓）和鲁国的孔子；（2）因此，可以说我的家庭一直崇尚"儒家"之道；（3）祖上的遗训是学习经书文本《诗经》和《礼记》；㉒（4）我，身为家中的新继承人，已经研习了这些作品，就像孔子在其子快步经过庭院时所教导的那样；㉓（5）我按照《礼记》的建议，勤学不倦；㉔（6）我可以自诩我在诗艺方面已颇有心得；（7）就像孔子那样，到了三十岁，我已牢牢立身于君子之道；㉕（8）但我尚未取得更进一步、更显著的成就；（9）我亲爱的母亲㉖年事已高，身体越来越虚弱；（10）我心中有两种情感，一喜（因母亲长寿而高兴）一惧（因母亲衰老而忧惧），孔子说这是正确的孝道；㉗（11）聂政拒绝危险任务，宁愿做个卑贱的狗屠夫，好"旦夕得甘脆以养亲"，㉘但我不一样，我没有美食可以供养母亲；（12）因为就像孔子最喜欢的弟子颜回那样，我的食器常常空空如也；（13）现在我想听从孔子的话："富而可求也，虽执鞭之士，吾亦为之。"㉙（14）也想效法毛义，他高兴地接受政府征召出任小官，这样他就能赡养母亲，让老人家为自己感到骄傲；㉚（15）你和我是王吉和贡禹那样的好朋友，你像王吉一样已经出仕为官，我像贡禹一样希望或许能因你的引荐而

"弹冠"出仕;㉛（16）虽然孔子主张"君子固穷"㉜，但一败再败让人实难忍受；（17）于是我向走在权力与成功之路上的你诉苦；（18）因为是我主动递呈名札在先，你可能会觉得我是《易经》卦中所说的那种"童蒙"；㉝（19）你在帝都长安，古属秦国，我在襄阳家中，古属楚国，两地相隔如此遥远；（20）什么时候才能与你一起同登高天呢？

穿上唐王朝官服的志向，似乎是孟浩然在徒劳无功地滞留京师一整年后才放弃的，他既没有通过进士试[补注三]，也没能赢得任何权臣的大力支持。这以后，人们在他诗歌中看到的是他持续地执着于隐逸理想，接受甚至拥抱正史所说的"不达"命运。在很多这样的后期诗作中，我们会看到，孟浩然提到做官的朋友时，往往会用一种责备的口吻。

根据同时代人不多几首写给孟浩然的赠诗或谈论他的诗歌，如前引李白赞美他的那首诗，一些学者认为，熟悉他的人对他独立性格的影响力与特异性的尊重，不亚于对他语言技巧才华的尊重。㉞这有可能是事实。但是，我们只能通过孟浩然的诗歌来了解他这个人，而这些诗歌是他的有形世界和想象世界的文字再现。本书的任务是阐明这些"语言遗存"，不是去尝试构建又一个建立在推测基础上的孟浩然生平，而是希望尽可能重现孟浩然对世界的特殊看法，深入了解他的语言运用艺术。

我们先来仔细观察孟浩然最心爱的地方襄阳，以及他写的赞美襄阳的诗。

注　释

① 《旧唐书》(中华书局 1975 版)，卷一百九十中，第 5050 页。其他英译，见 Hans H. Frankel 傅汉思, *Biographies of Meng Hao-jan* (Berkeley, 1952), p. 3。

② 《旧唐书·文苑》共载录 101 人，对传中诸人共同点的相关概述，见 Frankel 傅汉思, "T'ang Literati: A Composite Biography", In *Confucian Personalities*, ed. Arthur Wright 芮沃寿 and Denis Twitchett 杜希德 (Stanford: Stanford University Press, 1962), pp. 65-83。

[补注一] 本书写于四十多年前，但后来我开始认为孟浩然从未参加过进士试，尽管这一直是他为人所公认的生平故事的一部分。这个问题，详见 2021 年出版的我的孟诗英文全译本"导言"，本书开篇也转录了这篇"导言"，即《〈孟浩然诗〉英译本导言》(2021 年)。

③ 《新唐书》(中华书局 1975 年版)，卷二百三，第 5779—5780 页；英译，见 Frankel 傅汉思, *Biographies of Meng Hao-jan,* pp. 4-6。

④ Frankel 傅汉思, *Biographies of Meng Hao-jan,* pp. 13-14. 这个故事的最早版本，见王定保《唐摭言》(上海古籍出版社 1978 年版)，卷十一，第 120—121 页。

⑤ Kroll 柯睿, "Wang Shih-yuan's Preface to the Poems of Meng Hao-Jan," in *Monumenta Serica* 34.

⑥ 《孟浩然集序》(《四部丛刊》本)，页 2b。

⑦ 《孟浩然集序》，页 2b。

⑧ 《孟浩然集序》，页 1b-2a。

⑨ 关于孟浩然的生年仍有争议。基于一种不同的读法，傅汉思认为孟浩然生于 691 年，见 Frankel 傅汉思, *Biographies of Meng Hao-jan,* p. 7；同意傅汉思的还有 Ambros Rust 卢斯特, *Meng Hao-jan (691-740), Sein Leben und religiöses Denken nach Seinen Gedicthten* (Ingenbohl: Theodosius-Buchdruckerei, 1960), p.1。但这种说法没有说服力，见 Kroll 柯睿, "Wang Shih-yuan's Preface to the Poems of Meng Hao-Jan", in *Monumenta Serica* 34, n. 50。

⑩ 最可信的孟浩然生平研究，见陈贻焮：《孟浩然事迹考辨》，《文史》1965年第四辑，第41—74页，但陈贻焮毫不迟疑地承认他的很多说法证据不足。关于孟浩然游历京师（见第三章）及其日期，谷口明夫的研究既全面又大致令人信服，见谷口明夫：《孟浩然事迹考——上京应试をめぐって》，《中国中世文学研究》1976年第11期，第48—65页。白润德（Daniel Joseph Bryant）推测的孟氏年表与前面两位学者有很大不同，见Daniel Joseph Bryant 白润德, "The High T'ang Poet Meng Hao-jan: Studies in Biography and Textual History" (Ph . D. dissertation, University of British Columbia, 1977)。游信利、萧继宗也给出基于假设的、很不相同的孟氏年表，见游信利：《孟浩然集笺注》（台北：嘉新水泥公司文化基金会，1968），第297—307页；萧继宗：《孟浩然诗说》（台北：商务印书馆，1969），第6—13页等各处。张心沧的评论很随意，大多纯属幻想，参考时要格外小心，见 H. C. Chang 张心沧, *Chinese Literature* 2, *Nature Poetry* (New York: Columbia University Press, 1977), pp. 82-89。

⑪ 从717年年初开始，姚崇即已改任没有实权的荣誉职位"开府仪同三司"，实际上是被迫退休，尽管皇帝也经常征求他的意见，直到他去世。孟浩然拜访的姚崇洛阳居所，见徐松《唐两京城坊考》（《丛书集成》本），卷五，第164、166页。

⑫ 即《姚开府山池》，见《孟浩然集》，卷三，页5b。

[补注二] 参见第11页，补注一。

⑬ 关于张说的生卒年，见 Kroll 柯睿, "On the Date of Chang Yüeh's Death," *Chinese Literature: Essays, Articles, Reviews* 2.2 (July 1980), 264-265。

⑭ 《新唐书》，卷二百三，第5780页。

⑮ 陶翰《送孟大入蜀序》，见《全唐文》（台北：大东书局1979年版），卷三百三十四，页7b—8a。【校注：作者原注写为"孟六"，译者据《全唐文》改为"孟大"。】

⑯ 《全唐诗》（台北：明伦出版社1971年版），卷一百六十八，第1731页。

⑰ 刘开扬：《论孟浩然和他的诗》，收入《唐诗论文集》（上海：中华书局，1961），第29页。

⑱《孟浩然集》，卷一，页 2b。
⑲《孟浩然集》，卷四，页 10b。
⑳《才调集》由五代十国蜀韦縠编，选唐诗 1000 首，其最便于使用的版本，见《唐人选唐诗十种》(中华书局 1958 年版)。
㉑《孟浩然集》，卷一，页 6a/b。
㉒ 有意思的是，《诗经》和《礼记》——连同《论语》——事实上的确是孟浩然诗最常指涉的古代经典。
㉓ 见《论语·季氏》。
㉔《礼记·学记》："知困，然后能自强也。"
㉕《论语·为政》："三十而立。"
㉖ "慈亲"，可以指父亲、母亲，或父母双亲，鉴于后文有儿子照顾老母的典故，有理由认为这里的"慈亲"只指诗人母亲。
㉗《论语·里仁》："父母之年，不可不知也。一则以喜，一则以惧。"
㉘《史记》(中华书局 1972 年版)，卷八十六，第 2522 页。聂政，前四世纪中叶人，他在母亲去世后，才完成了先前拒绝的任务，即刺杀韩国国相韩傀。
㉙《论语·述而》。这里，孟浩然略去了孔子的下一句话："如不可求，从吾所好。"
㉚《后汉书》(中华书局 1974 年版)，卷三十九，第 1294 页。毛义，一世纪中叶人。
㉛《汉书》(中华书局 1975 年版)，卷七十二，第 3066 页。后世士大夫经常谈及王吉、贡禹（前 124—前 44）之交。
㉜《论语·卫灵公》："子曰：'君子固穷，小人穷斯滥矣。'"
㉝《易经·蒙卦》："匪我求童蒙，童蒙求我。"英译，见 Richard Wilhelm 卫礼贤, *The I Ching* (Princeton: Princeton University Press, 1970), pp. 20-21: "It is not I who seek the young fool; / The young fool seeks me."。

[补注三] 参见第 11 页，补注一。
㉞ 尤其参见闻一多《唐诗杂论·孟浩然》，《闻一多全集》(开明书店 1948 年版)，第三册，第 35 页。

第二章　襄阳之地与其传说

　　中古诗歌批评研究一个惯见但令人遗憾的倾向是，看待诗人时仿佛觉得诗人活在另一个世界，几乎不受任何特定地域环境的影响。但中国思想中有一种古老观念，在我们的时代来临前即已被视为常识，那就是一个人出生的特定地理区域和当地地形可能会对其性情、性格产生决定性影响。①论及西方文学传统中的人物时，我们当然意识到青年时期的活动轨迹会对一个作家产生什么样的重要影响（我们立即就可以想到马克·吐温、詹姆斯·乔伊斯、托马斯·沃尔夫、迪伦·托马斯这些名字②）。同样，就一些唐代诗人（如果不是大多数诗人的话）而言，对其诗歌的感性分析和欣赏，很可能就取决于我们是否了解诗人出生地的独特性，或后来与诗人密切相关的某些地区的独特性。

　　孟浩然是唐代为数不多的与一个特定地方的关联如此之深，以至于人们在他身后直接用地名来称呼他的作家之一。不用说，这个地方就是襄阳，他生于斯，长于斯，大半辈子岁月在这里度过，最后在这里去世。到了唐代，襄阳在历史、文学上都很有名，但没有其他哪个襄阳本地人像孟浩然这般依恋它，并深受地方精神的影响。③因此，了解襄阳文学、政治和地形史上那些较为重要的地点和人物将会是有用的，它们对我们的诗人有着显著的影响，还常常出现在他的作品中。

一、襄阳城

"凡一大城应有之物，此城皆饶有之"④，十三世纪末一位著名威尼斯游客曾这样称赞襄阳。在孟浩然生活的时代，亦即马可·波罗来访前500年左右，襄阳虽无力与其他大城市争辉，却可以说是唐代中国最有吸引力的中等城市之一，也是一时失宠的京官最理想的外放地之一。

襄阳位于今天的湖北省中北部，是一个由汉江及其支流灌溉的丘陵地区。唐时的襄阳城和今天一样，坐落在汉江南岸，与汉江北岸的小镇樊城隔水相望。远在帝制时代以前，这里就有了定居点，那时的襄阳是楚国重镇，楚国在这里设有戍防渡口"北津戍"，六世纪初城西仍可见其土垒遗址。⑤汉末乱世，军阀曹操（155—220）从刘表（144—208）[编者注：《辞海》为（142—208）]手中夺得华中整个荆州地区的控制权后，在这里置"郡"。此后，襄阳作为重要集镇和军事要塞的地位就没有中断过。

整个六朝时期（220—589），襄阳是公认的进入人口稠密的商业城市江陵的门户，江陵乃荆州的经济中心，在襄阳正南一百多英里处，若襄阳失，则江陵危。⑥战国时期，襄阳是楚国的北方要塞之一；六朝时期，这里则是南朝北方防线上最重要的战略要塞之一。⑦

在唐代，襄阳改称"州"，是整个帝国约三百个州级行政区划之一。⑧襄阳还是华中地区"山南道"排在江陵后面第一重要的城市。据《旧唐书》，八世纪中叶天宝年间官方户籍载襄阳地区有47780户、252100人。⑨定期向帝国朝廷进贡的土特产有纶巾、漆器、柑、蔗、芋、姜等。⑩中原地区的大多数旅人，特别是出入京师长安的人，一般都要途经襄阳。传统上，南下时下马换船，北上时下船换马，都要在襄阳换乘。⑪换句话说，无论在地理上还是在文化上，襄阳都是中华文明的交会点，虽说"南方"元素在这里明显占据了主导地位。

据《隋书》，在中古时期，包括襄阳在内的荆楚地区，"其人率多劲悍决烈"。⑫这类说法太过笼统，不必认真对待，但我们或可从《新唐书·孟浩然传》描绘的那个相当鲁莽的人物身上看到这些特点。⑬《隋书》还称荆楚之人传统上特别重视祭祀死者亡灵，一些地方节庆活动，如号称是纪念自沉的古代诗人屈原的赛龙舟，就是这个传统的体现。⑭我们知道龙舟节在襄阳很受欢迎。同样受欢迎的还有每年农历三月初寒食节期间的"牵钩之戏"（拔河）。这个娱乐活动似乎具有促进丰收的象征意义，喧闹的观众和参赛者在震耳欲聋的鼓声中尽情享受。⑮

至于襄阳城内，几乎没有任何东西能引起作家们的注意。城东南角有一座塔楼，有人说是诗人王粲（177—217）写作名篇《登楼赋》时所登之楼。⑯但就连孟浩然这样坚定的爱襄阳人士，也在诗中认为王粲所登之楼——就像大多数人的看法那样——其实是位于襄阳西南九十英里外的当阳城楼。⑰城中心还有一个台阁与梁昭明太子、著名选本《文选》的编者萧统（501—531）有关。虽然这个建筑物被后世方志引以为豪，但孟浩然诗只字未提。⑱我们也对城内的官署几乎一无所知。无论如何，孟浩然应该不是这些地方的常客。不过，他留下了一首其乐融融的宴饮诗，写他应邀参加州长府邸中举行的宴会：

襄阳公宅饮

窈窕夕阳佳，丰茸春色好。
欲觅淹留处，无过狭斜道。
绮席卷龙须，香杯浮马脑。
北林积修树，南池生别岛。
手拨金翠花，心迷玉芝草。
谈天光六义，发论明三倒。
座非陈子惊，门还魏公扫。
荣辱应无间，欢娱当共保。[19]

为衬托宴会的正式场合和主人的身份地位，孟浩然运用了很多文雅的措辞和博学的典故，既恭维主人，也展示自己的文学修养。我们来看其中较为重要的几处。"狭斜道"指名声不好的娱乐街巷，[20]这里用来与州长官邸中更高雅的乐趣形成对比。"龙须"是一种特别的用来编织席子的草。"马脑"即玛瑙，"一种红玉髓"，[21]是舶来的贵重矿物质，可制作杯盘器皿，供帝国精英之用。"玉芝草"即黄精，是一种仙草，据说其根茎有延年益寿的功效。这样一来，州长府邸便有了道教仙境的意味。在最后六句，孟浩然把注意力重点放在了宴会的欢愉和座中人身上。"六义"是《诗经》的六种修辞法，在宾客的谈话中使用得精彩绝伦。他们友善辩论的机智堪比西晋著名清谈家卫玠（？—312）[编者注：《辞海》为（286—312）]，卫玠曾使对谈者接连三次从椅子上跌倒，真的是被他的言谈之精妙所绝倒。㉒"陈子"指前一世纪奇人陈遵，因为与当时的某位大官同名，每次在别人家门前通报自己名字时都会造成慌乱扰攘。㉓孟浩然用这个典故，是在客气地贬低自己。他把自己比作西汉时的年轻人魏勃，由于求见相国曹参无门，于是每天早上都去打扫曹相国某个门客的门庭，希望引起门客的注意，从而把他引见给相国。㉔孟浩然的用意显而易见，他希望东道主帮助他获得官职。最后一联强化了这层意思。

我们可能会觉得这首诗有点趋奉逢迎，但年轻的文学才子在正式宴会上向一位受人尊敬的主人展示这样的诗是得体的。此诗可能是相对早期的作品，早于孟浩然进京应举。虽然诗的结构有些公式化，但至少让我们有机会一瞥地方官署中的公宴。

襄阳城东门两百步外有刘表墓。如果史书可信的话，刘表是二世纪末三世纪初宅心仁厚的大军阀，他坐镇襄阳，控制荆州地区。据当地传说，285年左右刘表墓被盗时，刘表夫妻二人的尸体奇迹般地没有腐坏；而且，墓中扑鼻的香气在一英里之外都能闻到，经月不歇，这些异象都是刘表为人真淳的明显标志。㉕

三国时期（约190—280）还有其他一些名人与襄阳密切相关，为襄阳留下了那个传奇时代的特殊遗产。当时，司马徽、徐庶、庞统、崔州平、诸葛亮、庞德公等著名隐士早年的隐居地都在襄阳城方圆十英里内。本章稍后将会重点谈及诸葛亮和庞德公。

襄阳城建的一大特色是它的大堤，保护外城墙（城郭）不受汉江泛滥的影响。据说大堤后来曾一度长达近十五英里。大堤的主体结构兴建于唐,由襄阳本地名人张柬之(625—706)在去世前一年督建完工。㉑但襄阳大堤并非始建于八世纪初,其前身至少有两百年历史,有当地题为《大堤行》的乐府歌谣为证,至少可追溯到六世纪初。最早以《大堤》为题的诗歌作者乃梁简文帝萧纲(503—551),其诗源自襄阳地区的民间曲歌。一些到过襄阳的著名唐代诗人,如李白、杨巨源(800年左右在世)、李贺(791—817)[编者注:《辞海》为(790—816)]等,都沿用乐府旧题写过诗。㉒作为工诗的襄阳本地人,张柬之也留下了一首《大堤曲》,开篇两句直言不讳:

南国多佳人,莫若大堤女。

(这意味着"大堤"有可能是对襄阳的地方口语称谓。)的确,或卖弄风情或伤感怅惘的动人襄阳姑娘,是《大堤曲》和相关歌谣《襄阳曲》的共同特点。㉓所以,当我们发现孟浩然有一首诗题为《大堤行寄万七》,这并不奇怪:

大堤行寄万七

大堤行乐处,车马相驰突。
岁岁春草生,踏青二三月。
王孙挟珠弹,游女矜罗袜。
携手今莫同,江花为谁发。㉔

"踏青"是春天的传统活动,最好是在河边野餐,在新鲜的青草地上散步（这里，"青"为转喻）。孟浩然这首诗很好地捕捉到了场所和时节的活泼、浪漫气氛。

但襄阳真正有吸引力的地方在周围的乡村，不在城市本身。这一带的山山水水才是襄阳真正的魅力和历史所在。下面，我们就来探访襄阳周边那些让诗人流连忘返的山峦水潭。

二、万山

我们的行程从城西约三英里处开始，那里，万山的岩壁矗立在汉江南岸。由于万山与汉江的相对位置，这座山，或者更准确地说是山的低坡，也被称为"汉皋"。孟浩然下面这一联诗简洁刻画了这山给人的总体印象：

> 结构意不浅，岿潭趣转深。[30]

襄阳诗客很少在诗中谈及万山；当时，岘山（详见下文）才是当地最重要的名山。但熟悉文学或地方史的人都知道，万山山麓的万山潭正是传说中郑交甫偶遇两游女之处。郑交甫发现二女在潭中洗浴，短暂调情后，二女解珮相赠，郑交甫置之怀中，高兴而去，才行十步，玉佩就不见了，回顾二女，也消失不见。这时，他才意识到二女是河中神女，不是普通的乡村姑娘。[31]

孟浩然诗共提及万山四次，包括诗题和诗句。下面这首诗讲述在万山潭附近度过一个慵懒的下午：

万山潭

> 垂钓坐磐石，水清心益闲。
> 鱼行潭树下，猿挂岛藤间。
> 游女昔解佩，传闻于此山。
> 求之不可得，沿月棹歌还。㉜

在下面这首诗中，孟浩然则更多从象征的角度征用了这个古老传说：

陪独孤使君册与萧员外诚登万山亭

> 万山青嶂曲，千骑使君游。
> 神女鸣环佩，仙郎接献酬。
> 遍观云梦野，自爱江城楼。
> 何必东阳守，空传沈隐侯。㉝

独孤册是王士源《序》中提到过的孟浩然友人，曾任襄阳刺史（州监察官，唐时又称"使君"），后来岘山有碑记其仁政，碑文即由这首诗中与孟浩然、独孤册同游的萧诚所书。㉞前一首《万山潭》写孟浩然独自在万山享受无忧无虑的午后时光，相较而言，这首诗的气氛要郑重得多。这样写，既切合与高官同游的场合，也象征性地重演了郑交甫接受佩饰的情景："仙郎"独孤册接受了随行人员的敬酒和赠诗。第四句中的"酬"字，巧妙带出了古代传说故事内涵的当代适用性。"酬"在这里英译为

pledges，一般指敬酒或应答别人的赠诗。这个字用在正式出游的饮酒和文学活动时是恰当的确指，但用来指神女赠郑交甫佩饰时只是泛指。因此，从古代故事的角度看，眼下这个场合本身就被赋予了神话气氛。

但这首诗不只是对一次美好而正式的出游的赞美。在最后四句，孟浩然称自己更想过一种不必考虑地方行政事务的生活。从山顶眺望南方，留住诗人眼光的，不是广袤的云梦大泽——古代楚王的大猎苑，而是襄阳城本身。这里，襄阳一隅似乎代表了孟浩然隐逸视野的范围，东南广土则是像独孤册那样身负更多社会责任的人所要操心的。最后一联用著名诗人沈约（441—512）[编者注：《辞海》为（441—513）]典，沈约曾任东阳太守，东阳在浙江省，故称"东南"。沈约特别谨言慎行，成功地在宋、齐、梁三代都身居要职，后世一些史学家和儒家卫道士因此而不尊敬他。他善于克制自己的情感，故身后谥称"隐侯"。沈约还做过襄阳太守，这几句诗用典的劝诫意味也因此更显尖锐。在写给做官朋友的诗中，孟浩然多以责备追逐虚名作结。可以想见，这些朋友可能有时也会觉得他比较烦人，好比辍学的大学生嘲弄其他在校同学的抱负。不过，这几句诗倒没有提出什么真正的批评，诗人更多只是单纯感叹自己身处家乡这一隅之地的快乐。

万山潭的水床中，沉落着一块纪念三世纪著名学者、官员杜预（222—284）的功绩的石碑。杜预好后世声名，刻两碑，述己功，一碑沉万山潭下，一碑立岘山之上，说："焉知此后不为陵谷乎！"⑤其实，杜预的预防措施没有必要，至少在孟浩然的时代，万山潭中之碑依然藏在水波下，孟浩然没见过，没有哪个唐

人见过。㊱

三、檀溪

万山以东，汉江在流经襄阳城前与檀溪汇合。湍急的檀溪源出柳子山下，东流至城西约两英里处形成鸭湖。溪水自鸭湖又分两渠，北渠水急，仍称檀溪，一路向东北流，在襄阳城西约三分之一英里处汇入汉江。

365年前后，溪边建佛寺，寺以溪名，称檀溪寺。高僧道安（312—385）[编者注：据《辞海》为（314—385）]主持檀溪寺14年，直到襄阳落入"蛮族"政权前秦（351—394）皇帝苻坚（338—385）军队之手。这期间，襄阳成为中国最重要的佛教中心之一。道安的檀溪僧团有弟子数百人，他们的宗教、学术活动，极大影响了后世佛教在中国的发展。㊲

檀溪北岸，有三国时期著名隐士徐庶、崔州平故居。㊳但最让人津津乐道的是，这里也是刘备（161—223）赴宴襄阳后传奇般地跃马逃生之地。当时追兵迫近，刘备坐骑的卢误陷檀溪激流，溺不得出，刘备加鞭，的卢难以置信地一跃三丈（三十英尺），安全到达对岸。㊴

孟浩然有一首长诗，写冬天时拜访两个朋友的檀溪别业，虽然其中有些诗句值得赞许，但不算是他最好的作品。㊵他的檀溪诗，我们不如来看下面这首绝句：

檀溪寻故人

花伴成龙竹，池分跃马溪。

田园人不见，疑向武陵迷。㊶

"池分"指檀溪在鸭湖分为二渠，"跃马"指的卢的惊天一跃。在尾联中，诗人想象他的朋友找不到回家的路，就像陶潜（365—427）[编者注：《辞海》为（352 或 365 或 372 或 376—427）]著名寓言"桃花源"中的武陵渔人那样。㊷

几个世纪后，来襄阳看檀溪的游客一定会觉得失望。到了十二世纪，以往湍急的溪流已彻底枯竭。㊸

四、望楚山

望楚山，在襄阳城西南两英里半以外，耸立于鸭湖西南角。㊹原名马鞍山㊺，445 年—448 年间才由宋藩王刘骏（后来的南朝宋孝武帝，454 年—465 年间在位）改称望楚山。这位英武的年轻藩王时任雍州（南朝时侨置襄阳）刺史，掌大荆州地区军事，他时常登上此山眺望南方。据记载，最吸引他目光的是鄀陵旧地，古楚国第三个也是最后一个都城，故改山名为望楚山。㊻

山上有延庆寺，建于六世纪最后十年。㊼孟浩然没有留下任何访寺文字㊽，但从下面这首诗可以看出，就像多年以前的刘骏一样，诗人也同样陶醉于山顶所见风景：

登望楚山最高顶

山水观形胜，襄阳美会稽。
最高惟望楚，曾未一攀跻。
石壁疑削成，众山比全低。

晴明试登陟，目极无端倪。
云梦掌中小，武陵花处迷。
暝还归骑下，萝月在深溪。⑲

诗人眼前的景色确实一望无垠：不仅有广袤的古猎苑云梦大泽，更有遥远的陶潜武陵桃花源的奇境。因此，在望楚山最高顶，他俯瞰的既有现实世界，也有理想世界。不过，就像他的一贯作风，孟浩然不是让我们驻足于这壮人胸襟的无边风景，而是结束全诗，缓步下山，回到近处世界，回到他身边的朴实环境，这里，月光透过萝藤，映照在檀溪水上。

五、岘山

毫无疑问，襄阳地区以及整个山南"道"名气最大的山是岘山。⑳岘山距离襄阳城南约两英里半，西有望楚山，东面俯瞰汉江（汉江在流经襄阳城北郭和东郭后，自此南流）。岘山是外地游客必登之山；七八世纪作家途经襄阳所作的郡地诗，几乎每首都会提到这座山。对我们来说，最重要的是，孟浩然诗提到岘山的次数比其他地方都要多：孟诗 11 次提及岘山，其中 4 次以别名"岘首"称之。

岘山除了以自然美景著称，在历史和文学史上也赫赫有名。192 年，围攻刘表盘踞的襄阳城的骁勇吴将孙坚（155—192）[编者注：《辞海》为（155—191）]，就是在这里遇伏被杀的。㉑不过，同样是与岘山有关，相较于孙坚围攻襄阳时造成的破坏，三世纪中叶都督荆州军事的羊祜（221—278）的善政更深入人心。

羊祜为政爱民,深受爱戴。他特别喜欢登岘山,《晋书·羊祜传》中的这则轶事谈到了他对岘山的喜爱:

> 祜乐山水,每风景,必造岘山,置酒言咏,终日不倦。尝慨然叹息,顾谓从事中郎邹湛等曰:"自有宇宙,便有此山。由来贤达胜士,登此远望,如我与卿者多矣!皆湮灭无闻,使人悲伤。如百岁后有知,魂魄犹应登此也。"㉜

羊祜去世后,襄阳百姓在岘山为他建碑立庙,岁时飨祭。人望其碑,莫不流涕,于是接任其职的杜预名之为"堕泪碑",这个碑名也广为后世所知。㉝李百药(565—648)㉞、陈子昂(661—702)[编者注:《辞海》为(659—700)]㉟等初唐作家的几首襄阳诗都写过这块碑。下面这首孟浩然岘山诗,既让人想到羊祜的美名,又是对死亡的必然性的幽暗提醒:

与诸子登岘山

人事有代谢,往来成古今。
江山留胜迹,我辈复登临。
水落鱼梁浅,天寒梦泽深。
羊公碑尚在,读罢泪沾襟。㊱

"鱼梁"是汉江水中沙洲名,在岘山以东;"梦泽"是云梦泽的别称。㊲

岘山上还有其他石碑,如纪念四世纪初名将周访、胡罢的石碑,以及四世纪末贵族、叛将、篡晋立楚的桓玄的石碑,他们都曾长期镇守襄阳。㊳当然，还有杜预自述己功的双子碑中的一块（一沉于万山潭下，一立于岘山之上），以及前面提到的纪念独孤册的石碑。不过，对这些石碑，孟浩然的岘山诗只字未提。主导岘山历史遗产的，是受人爱戴的郡守羊祜的精魂，他对岘山的热爱众所周知。

我们知道，岘山还有一座道观，名叫云表观。孟浩然显然与观主关系友好，给我们留下了一首哀悼他死亡的诗作。㊴

据孟浩然诗，岘山是我们这位诗人最喜欢送别朋友的地点。下面这两首排律，都是这样的送别诗：

岘山送朱大去非游巴东

岘山南郭外，送别每登临。
沙岸江村近，松门山寺深。
一言余有赠，三峡尔相寻。
祖席宜城酒，征途云梦林。
蹉跎游子意，眷恋故人心。
去矣勿淹滞，巴东猿夜吟。㊵

"三峡"即著名的长江三峡，入巴必经之地。"宜城"在襄阳以南五英里处，其地出美酒，享誉已久，最有名的是"宜城春"，又名"竹叶杯"。㊶

岘山送萧员外之荆州

岘山江岸曲，郢水郭门前。

> 自古登临处，非今独黯然。
> 亭楼明落日，井邑秀通川。
> 涧竹生幽兴，林风入管弦。
> 再飞鹏激水，一举鹤冲天。
> 伫立三荆使，看君驷马旋。㊲

第四句中的"黯然"，典出江淹（444—505）名篇《别赋》首句："黯然销魂者，惟别而已矣。"㊳"鹏"，不用说，即《庄子》开篇的那只大鸟。这里，孟浩然恭维朋友萧员外既是大鹏，又是仙鹤。

与岘山联系在一起的，还有襄阳的特色食材——鳊鱼（鳊，中古音 pen），肥滑色青，适合生长汉江水域。岘山附近水域所产鳊鱼，味尤鲜美，一度只供缙绅享用，禁止平民捕捞。三世纪末，刘弘（238—306）[编者注：《辞海》为（236—306）]改旧制，这位体贴的督抚（三四世纪时襄阳得到了特别多的赐福）关心百姓福祉，允许沿江百姓捕鱼，包括过去平民禁捕的万山潭和岘山潭。㊴岘山下捕捞鳊鱼的常见做法是以木槎断水成堰，故这段水域捕捞的鳊鱼也被称为"槎头鳊"。㊵槎头鳊这种美食是如此被珍视，以至于一位地方刺史献给南齐开国皇帝的 1600 百条槎头鳊被看作是最珍贵的礼品。㊶

孟浩然曾这样赞美岘潭的鲜美鳊鱼：

岘潭作

> 石潭傍隈隩，沙岸晓夤缘。
> 试垂竹竿钓，果得查头鳊。

> 美人骋金错，纤手脍红鲜。
> 因谢陆内史，莼羹何足传。⁶⁷

最后一联用西晋著名作家陆机（261—303）典故。陆机是南方吴郡人，曾任平原内史。一次陆机拜访朋友，朋友用羊酪（一种北方特产）款待他，并问他吴郡家乡是否有美食与此相比。陆机答曰："有千里莼羹，但未下盐豉耳。"⁶⁸读《岘潭作》全诗，特别是最后一联，没有人会误解诗人的轻松诙谐口吻。不过，这里也透露出一种真心实意的乡土自豪感，通过与陆机就家乡美食一争高下表现出来。

在另一首诗中，孟浩然评论说：

> 土风无缟纻，乡味有查头。⁶⁹

孟浩然好像是最早在其作品中称赞这一特色美食的诗人。后来的作家如杜甫（712—770）⁷⁰、元好问（1190—1257）⁷¹等在他们的诗中用这种鱼——又名"缩颈鳊"——来表现襄阳地方特色时，显然意在指涉孟浩然本人。

六、白马山

岘山以南一英里处有白马山，当地也称白鹤山。⁷²早年间的孟浩然肯定很熟悉这座山，因为他的毕生挚友张子容在713年赴长安应进士第（成功及第）前就隐居在这里。所以，下面这首诗大概是孟浩然二十岁出头时写的：

寻白鹤嵓张子容隐居

白鹤青嵓畔,幽人有隐居。
阶庭空水石,林壑罢樵渔。
岁月青松老,风霜苦竹疎。
睹兹怀旧业,携策返吾庐。⑬

这篇少作显然缺乏孟浩然成熟作品中那种令人愉悦的动感和内聚力。此诗可以说是对访隐士诗习见措辞和情感的拼合。⑭尾联中诗人突然转身回家,尤其让人不满,虽说这在传统悠久的隐士诗中屡见不鲜。不过,我们或可注意到,孟浩然很早就认真为自己选用了隐士这一文学姿态。

白马山上还有一座五世纪建造的佛寺,该寺两次更名,唐代称景空寺。⑮孟浩然有一首诗写这座佛寺:

游景空寺兰若

龙象经行处,山腰度石关。
屡迷青嶂合,时爱绿萝闲。
宴息花林下,高谈竹屿间。
寥寥隔尘事,疑是入鸡山。⑯

诗中的重要佛教用典需要稍做解释。"兰若"指林中僻静处;"龙象"是大象中最勇猛、有大力者,象征佛陀,也引申代指高僧;"鸡山"是鸡足山的简称,梵语作 Kukkutapāda,大迦叶(Kāśyapa)在这里入涅槃,但仍(以禅定)住世间。

景空寺住持融上人是襄阳地区最有名的僧人。孟浩然还有另外三首诗写拜访融上人的静修居所⑰，这个隐修地最大的一个特点是附近有清泉涌出，泉名"白马泉"，白马山本身，也因泉而得名。⑱

七、习家池

襄阳地区最广为人知的历史遗址之一是习家池，位于白马山东麓，是公元一世纪第二个25年间襄阳侯习郁引鸭湖东南流水建造而成的人工池。习郁仿古人之法在池中养鱼，池长60步，宽40步（约长三百英尺，宽二百英尺），池边筑堤，堤上列植梓树、松树和竹子。池中垒钓鱼台，荷莲水上浮。⑲习郁生前从他开凿的这个池塘中得到了很多快乐，所以希望自己死后也不离开这里：按照他的遗愿，其墓冢就建在池北不远处。⑳

让人高兴的是，习郁去世后，美丽的习家池也没有荒废。两个半世纪以后，因督抚襄阳的山简（253—312）频频造访，习家池越发声名远扬。山简是著名的"竹林七贤"之一山涛（205—283）的儿子，他是如此迷恋习家池风光，于是频繁光顾，常在这里纵情饮酒，然后再乘兴回城。山简称此地为"高阳池"，他的郊游非常出名，据说城中童子作歌戏谑他的酣醉出游。此歌最早记录在四世纪习凿齿所撰地方史中㉑，山简对习家池的喜爱，以及市民的谑曲，后又因《世说新语》㉒《水经注》㉓《晋书》㉔这些有影响力的作品的相关记载而在文人中广为流传。

孟浩然诗三次提及习家池，最有意味的是下面这几句，出自七言送别长诗《高阳池送朱二》的第一部分：

当昔襄阳雄盛时，山公常醉习家池。
池边钓女自相随，妆成照影兢来窥。
澄波淡淡芙蓉发，绿岸毵毵杨柳垂。(85)

虽然孟浩然描写习家池的诗都没有特别强调美景，但根据唐代其他诗人的作品，我们可以肯定，至少到九世纪，这个园池也还是当年山简喜欢的那个游览胜地。(86)

其实山简（或“山公”）出现在孟诗中的次数比习家池本身还要多，共出现了 6 次。山简最大的特点当然是好饮酒，孟浩然可以在为来访的官府朋友写的诗作中，通过恰当地提及山简事来打趣朋友，比如下面这首，诗中的山公无疑指代当时在襄阳为官的裴姓友人：

裴司士见访

府寮能枉驾，家酝复新开。
落日池上酌，清风松下来。
厨人具鸡黍，稚子摘杨梅。
谁道山公醉，犹能骑马回。(87)

诗的第三句“落日池上酌”特别美，这里稍做点评。初读时，我们可能会把这句诗简单理解为“落日时分，我们在池边倾杯酌酒”。但作为律诗，第三句与第四句应该句法对仗，如果根据直白的第四句的句法结构回头再读第三句，这促使我们得出结论，第三句的主语是“日”，而不是诗中没有明言的“我们”。孟浩然想让我们看到的是日落时分的美妙景致：夕阳西沉，光芒漾于池面，其最后的微光洒在水面上，就像"家酝"倾入酒杯。（这里顺便说一句，孟浩然喜欢生动的日落景象，这是孟诗的一个特点，我们将会在第五章详加讨论。）

孟浩然常在诗中对举习家池和岘山潭，或对举代表这两处地方的山简和羊祜（字叔子）。比如下面这首节日游岘山诗的结尾四句：

叔子神如在，山公兴未阑。
尝闻骑马醉，还向习池看。㊵

再如下面这首诗，同样也写于重阳节（九月九日），当时诗人正离家远游：

途中九日怀襄阳

去国似如昨，倏然经杪秋。
岘山不可见，风景令人愁。
谁采篱下菊，应闲池上楼。
宜城多美酒，归与葛强游。㊶

葛强是山简的密友。因此，在诗的结尾，诗人是把自己比作山公，渴望回到自家的"池上楼"。前面说过，襄阳附近的宜城以美酒著称；我们也记得羊祜"乐山水，每风景，必造岘山"。对身在远方途中的孟浩然来说，这些"风景"只会加深他回家的渴望。不用说,"采篱下菊"用的是著名田园诗人陶潜的典故,而令人忧伤的是,"采菊"这样简单的快乐,我们身在途中的诗人却难以觅得。

如前所述,山简、羊祜同襄阳的特殊关联,不只孟浩然这样的本地人,大多数唐代读书人也都熟悉不过。这里抄录一首"外地人"的诗作来说明这一点,或许不算无的放矢。除孟浩然外,其他作家的很多襄阳诗,用作例子的话,都不如李白的《襄阳歌》更适合、更生动。这首《襄阳歌》为七言诗,杂以少量三言(以抬头缩进的形式标示):

襄阳歌

落日欲没岘山西,倒著接䍦花下迷。
襄阳小儿齐拍手,拦街争唱白铜鞮。
傍人借问笑何事,笑杀山公醉似泥。
  鸬鹚杓,鹦鹉杯。
百年三万六千日,一日须倾三百杯。
遥看汉水鸭头绿,恰似葡萄初酦醅。
此江若变作春酒,垒曲便筑糟丘台。
千金骏马换小妾,醉坐雕鞍歌落梅。
车旁侧挂一壶酒,凤笙龙管行相催。
咸阳市中叹黄犬,何如月下倾金罍?
  君不见,
晋朝羊公一片石,龟头剥落生莓苔。
泪亦不能为之堕,心亦不能为之哀。

清风朗月不用一钱买，玉山自倒非人推。

舒州杓，力士铛，

李白与尔同死生。

襄王云雨今安在？江水东流猿夜声。⑩

在开篇六句，李白自比醉酒的山简，甚至还戴着山简喜欢的"接篱"（白头巾）。《白铜鞮》是襄阳本地著名民歌。⑪汉江的绿波被转换为未经过滤的青绿色葡萄酒。羊公"堕泪碑"在数百年的磨蚀后依然存世，但快活的李白拒绝在碑前洒泪。诗中有两个典故同襄阳没有直接关联：一是楚襄王与"朝云暮雨"的巫山神女的情事，一是位高权重的秦相李斯在咸阳被杀弃市时哀叹再也不能牵着他的猎犬出去打猎。

离开习家池以前，需要提及的是，襄阳地区发现了好几位古楚国君王的陵墓，我们没有时间一一走访，但楚昭王（前523—前489）墓还是应该简单提一下，墓在习郁习家池北不远处，五世纪末被盗，出土了大量竹简文本，其中一部分落入时任襄阳县令的著名学者沈约之手。⑫

八、涧南园

一路行来，我们总算来到了孟浩然家附近。孟诗中称之为家的地方有两处，最有名的当然是我们马上就会说到的"鹿门山"，另一处则是"涧南园"，或简称"南园"。可能让人想不到的是，涧南园才是最常作为家出现在孟诗中的地方。

遗憾的是，涧南园的确切位置不详。不过，根据这个地名本身，根据孟诗提及它时谈到的地形地貌，我们至少可以确认它在汉江支流南岸（"阴"），在城南几英里处，大致在岘山、白马山一带。陈贻焮认为它在岘山山麓。[93]基于好几条理由（由于技术性太强、太繁琐，这里就不详细展开了），我认为它在凤凰山山麓，凤凰山毗邻白马山，俯瞰汉江，南流的江水从这里开始稍稍转向东流。

凤凰山上有著名的凤林寺，六世纪初由虔诚向佛的梁武帝兴建，寺内有著名诗人庾信（513—581）撰写的碑文。[94]孟浩然有一首诗写他和朋友在凤林寺西岭春游。[95]

我们还确知孟浩然葬于凤凰山山南；[96]而且，我们完全有理由认为，墓地就算不是他所说的"南园"家宅的一部分，至少也相距不远。因为南园一带土地属于孟家地产。正是在南园，我们的诗人似乎最专心致志地过着乡村隐士生活，至少他的诗是这么写的。下面这两首诗意趣相近，都写于他的家宅：

涧南园即事贻皎上人

弊庐在郭外，素业唯田园。
左右林野旷，不闻城市喧。
钓竿垂北涧，樵唱入南轩。
书取幽栖事，还寻静者论。[97]

"上人"在唐代常用来称呼僧人。皎上人，不用说，就是最后一句中的"静者"。

南山下与老圃期种瓜

樵牧南山近，林闾北郭赊。
先人留素业，老圃作邻家。
不种千株橘，唯资五色瓜。
邵平能就我，开径翦蓬麻。⑱

第五句用了李衡的典故。李衡是三世纪初吴国官员，襄阳人，种植橘树千株，认为这些橘树可以在自己死后成为供给子孙食用之资的"木奴"。⑲我们的诗人不种橘树，而是想种植邵平那种神奇的"五色瓜"。邵平是秦东陵侯，秦亡后穿上平民的衣服去种瓜。⑳结合诗人的个人经历，我认为这两个典故并置，意味着孟浩然更认同贫困但满足的邵平，而不是成功但焦虑的李衡。

下面这首诗，大概写于孟浩然南游和东游返乡后的 733 年，㉑诗中悔恨自己早年浪费光阴谋求仕进，高兴现今重操"素业"。诗以颂扬田园诗人陶潜作为开篇；陶潜谥"靖节"，因不就朝廷征辟，又称"征君"：㉒

仲夏归南园寄京邑旧游

尝读高士传，最嘉陶征君。
日耽田园趣，自谓羲皇人。
余复何为者，栖栖徒问津。
中年废丘壑，上国旅风尘。
忠欲事明主，孝思侍老亲。

> 归来昌炎暑，耕稼不及春。
> 扇枕北窗下，采芝南涧滨。
> 因声谢朝列，吾慕颍阳真。⑩

第五、六句"余复何为者，栖栖徒问津"，化用《论语》中的两段文字：（1）《论语·宪问》："微生亩谓孔子曰：'丘，何为是栖栖者与？无乃为佞乎？'"（2）《论语·微子》，孔子使子路"问津"于两农人，两农人批评孔子不是避世之人。"上国"是诗人故乡以北地区，特指京畿。"扇枕"，传统上指嘘寒问暖，侍奉父母。"颍阳"代指传奇隐士许由，圣王尧让天下给许由，许由逃至颍水北岸（"阳"）。孟浩然这是在宣称自己已与俗世抱负和解，不再渴望入朝为官。

我们且在南园稍作停留，来说说孟浩然的家庭。我们没有孟氏先祖出身、职业方面的任何信息，但从孟家兄弟姐妹（详见下文）受过古典教育这个简单事实可知，在诗人的童年时期，孟家至少是小康之家。但孟家绝非襄阳大族⑪，显然最近几百年间族中也没出过什么名人。因此，孟浩然在世时相对舒适的家庭生活环境，在原本平淡无奇的家族史上似乎是个例外，而孟浩然是孟家第一个名人，也是唯一一个。有人可能会大胆猜测说诗人的直系祖先是新富的农民或成功的商人。无论如何，诗人在外游历多年，没有任何公私职位（737年年末至738年年初短暂充任张九龄幕僚除外），但似乎也没缺过钱。

虽说这个家庭不能同任何近世大人物攀亲带故，但就像所有"孟"姓人家一样，他们也自诩为古代哲人孟子之后。我们诗人的名"浩然",这两个字本身就出自《孟子》中的著名段落。⑯孟浩然也有不少早期诗作,喜欢谈及对入仕为官的渴望、对儒家之道的尊奉,第一章中翻译的那首《书怀贻京邑故人》就是这方面的一个很好的例子。

孟浩然至少有两个弟弟:他在一首兄弟诗中称他们为"二三子"(语出《论语·述而》)⑯,还有一首诗称他们为"汝辈"⑰。我们知道其中一个弟弟名叫"洗然",孟浩然有两首诗是写给他的⑱,其中一首写于洗然上京应进士举前夕。和哥哥先前的尝试一样,洗然也落第了,襄阳地方志或《登科记考》中的进士名录没有洗然的名字。令孟家的科举记录雪上加霜的是,一位名叫"邕"的堂弟也名落孙山。⑲据孟浩然诗,这位堂弟来自会稽,这让孟家从商的说法有了一些依据。(我们通常不会预期两兄弟——孟浩然的父亲和叔伯——定居在这么远的两地,一个在湖北北部,一个在浙江东部,除非他们中间至少一人有充分的经济原因需要这样做。)我认为,无论如何,我们可以假定,会稽孟氏分支的存在,可能大大减轻了孟浩然漫游吴越时的经济负担。

我们的诗人至少还有一个姊妹,嫁给了没有什么影响力的莫家。孟浩然有一首板滞、慈爱的长诗,在送别外甥出门参军前夕写给他们。⑩

有几首诗,如《仲夏归南园寄京邑旧游》《书怀贻京邑故人》,谈到了照顾父母的孝心和责任。这时,孟浩然惯用的经书典故往往是成年儿子赡养年迈母亲。⑪因此,有可能诗中所说的"亲"(父母双亲)只指母亲,她在南园宅中活到了晚年,至少诗人三十岁以后仍然在世。⑫

至于孟浩然的子嗣，王士源《序》记录了他两个儿子的名字：仪、甫。不过，现存孟诗只提到过他们一次，即前引《裴司士见访》诗："稚子摘杨梅。"他们显然寂寂无名，而且在他们死后，诗人这一脉似乎断绝了，后来没有任何孟姓人认他为祖先。⑬最后，孟浩然的诗中完全没有提到他的妻子。

可以想见，孟浩然在南园的日子多数时候都很愉快，某种程度上满足了怡然自乐的田园愿景，但他的诗给人的印象通常是他之所以熟悉农事，主要是通过前人的农事诗，而不是他自己的亲手劳作。不管南园的家和土地的实际面积有多大，受陶潜等田园诗人作品的影响，孟浩然往往在诗中谈到自家田园的"素业"或"弊庐"。当这些词汇用在孟诗里面的时候，也总是出现在那些题为南园或南山的诗中。因此，我们或可合理推断南山就是"城南"的凤凰山，诗人家宅地可能就在这里。⑭

如果此说成立，孟浩然名篇《岁暮归南山》中的"南山"所在，就会比人们以往认为的更确切。这首诗大概写于729年年初（接近农历新年），前一年他应进士举不第[补注四]，也没有获得任何官职，只能回到家中。⑮诗中流露出诗人的忧郁情绪：

岁暮归南山

北阙休上书，南山归弊庐。
不才明主弃，多病故人疏。
白发催年老，青阳逼岁除。
永怀愁不寐，松月夜窗虚。⑯

这首诗特别有名,是因为《新唐书》记载的孟浩然与皇帝的那次糟糕会面,皇帝听他诵诗时,听到第三句"不才明主弃",觉得受到了冒犯。⑩可是,这个虚构的故事却成功地把我们的注意力从诗歌本身、从诗歌展现出的艺术控制力上转移开来。我们更应该注意的,比如说,是诗人不断地使用消极、否定的措辞:他"休",他"归",他被"弃"和"疏",他的年纪被"催"老,年岁被"逼"流逝,他"不"寐。这些消解性的字词和弦,最后通过夜空中的空寂月光表达出来:以一个"虚"字结束全诗。随着753年殷璠将这首诗收入他那部影响颇大的诗选《河岳英灵集》以来,这首诗和其他几首孟诗不断被收入各种诗歌选本。诗中表现的强烈的挫败感,很大程度上确立了孟浩然的传统形象——失意的沉思者。

孟浩然从长安回到南山家中一事,也见于另一首诗《京还赠张维》,写作时间可能稍早一些。诗中,我们看到诗人有点挑衅地把自己的仕途不顺归因于不愿意遵守官场行事规则。当然,我们必须承认,这似乎是一种相当自觉的姿态,并且基本是通过指涉那些弃绝官场的前贤来表达的:

京还赠张维

拂衣去何处,高枕南山南。
欲徇五斗禄,其如七不堪。
早朝非晏起,束带异抽簪。
因向智者说,游鱼思旧潭。⑱

据说陶潜辞官时称"吾不能为五斗米折腰"。⑲嵇康（223—262）[编者注：《辞海》为（223—262或224—263）]《与山巨源绝交书》列举"必不堪者七"，说如果接受山涛的荐官，做官的这些礼仪规则他无法忍受（第一条是不能早起应付朝廷差役，孟诗第五句"早朝非晏起"也表达了这层意思）。⑳"束带"一般指上任就职，"抽簪"则意味着辞官。"向智者说"呼应司马迁（前145—前90?）[编者注：《辞海》为（约前145或前135—?）]《报任安书》，司马迁信中称自己的真实情感"可为智者道，难为俗人言"。㉑诗人所要"说"的优雅而简单：他思慕熟悉的家园，就像鱼儿离不开水一样。

不过，我们又该动身了，从诗人南山下的家园，过汉江南下，前往我们这趟行程最后也是最有名的一站，诗人笔下的襄阳乡间地区。

九、鹿门山

襄阳与孟浩然关联最深的地方是鹿门山。鹿门山在城东南十英里远，俯瞰西面的汉江。两《唐书》本传称这里是孟浩然的隐居地。下面这首七言古体诗，最能说明诗人与鹿门山的关系：

夜归鹿门歌

山寺鸣钟昼已昏，渔梁渡头争渡喧。
人随沙岸向江村，余亦乘舟归鹿门。
鹿门月照开烟树，忽到庞公栖隐处。
岩扉松径长寂寥，惟有幽人自来去。㉒

现在该说说诗中第六句提到的汉代隐士"庞公"了。不过,先要指出的是,这首诗虽说一直以来是孟浩然的名篇之一,见于八世纪中叶的《河岳英灵集》和后世的很多诗歌选本,但从很多方面看都是非典型的孟诗。这是诗人唯一一首明确地以"歌"题名的诗作,也是他为数不多的七言诗之一。更重要也相当令人惊讶的是,这是整个孟集中唯一一首暗示鹿门山实为他居住地的诗作。

两《唐书》本传在提到孟浩然"隐鹿门山"后,紧接着便称他赴长安应举,所以,人们一般认为孟浩然在赴京及其随后的东游以前居住在鹿门山。但是,同样有可能的是,他直到仕进受挫才开始有意识地培养隐居的习惯,才在鹿门建居所。而且即便到了那个时候,鹿门山似乎最多也只是他偶然居住的地方。如果他常住这里,我们肯定会有不止一首诗提及这个隐居地。就此而言,同样值得注意的是,同时代人写给他或谈及他的诗歌中没有一首提到过鹿门山,王士源作于745年—750年间的孟集《序》也不例外。我们前面说过,孟氏家宅——诗人诗中称之为"南园"——似在凤凰山附近,王士源《序》也说诗人卒于并葬于南园,不在鹿门山。

尽管如此,诗人与鹿门山的密切关系似乎不容否认,后世也广为接受。后来的唐人诗歌提到鹿门山时几乎总会提到孟浩然的名字。[12]我不想得出结论说,传说中的孟浩然与鹿门的关系其实并没有什么事实依据。虽说只有一首孟诗明确说他住在鹿门,我认为还是有足够证据表明他有时住在那里。诗人写其他襄阳地点的诗,从没说过那里是自己的居所(当然,南园除外)。所以,我们要问的是鹿门山何以特别吸引孟浩然,毕竟,鹿门山离襄阳城和孟氏家宅都很远,山上也没有任何大的佛寺道观助长遁世隐居之风。⑬要理解鹿门山作为隐居地之于诗人的意义,我们需要检视鹿门山本身的历史,特别是孟浩然亲身接触过的或通过文本传统结识的一些重要山居者。

一世纪以前,鹿门山被称为苏岭山。东汉建武年间(25—56,建武,东汉第一个年号),襄阳侯习郁(建造习家池的那个习郁)有一天夜里梦见了苏岭山的山神。同时,巡游此地的光武帝也做了同样的梦。皇帝命习郁立祠于山敬神并纪其事,神祠入口两旁立二石鹿。由此,人称神祠为鹿门庙,后又以庙名山,旧山名也被鹿门山取而代之。⑮

《夜归鹿门歌》中提到的隐士"庞公",是我们所知最早、最著名(孟浩然除外)的鹿门居民。东汉末年衰乱之世,庞公是隐居襄阳的高士群体的年长成员,名气更大的同道中人诸葛亮、庞统、司马德操分别有"卧龙""凤雏""水镜"之称,这些著名称号就出自庞公之口。⑯庞公之名,无可查考。据记载,比他小10岁的司马德操称他为"庞公",其他人便跟着称他为"庞德公"。"庞公"也好,"庞德公"也罢,我们知道他是襄阳本地人,不屑于世俗价值观和社会。移居鹿门山前,他和妻子住在岘山附近,⑰可能在鱼梁洲上,⑱据说他从未踏足城内或官府。《后汉书》本传接着还记载说:

> 荆州刺史刘表(任职时间为190—195年)数延请,不能屈,乃就候之。谓曰:"夫保全一身,孰若保全天下乎?"

> 庞公笑曰："鸿鹄巢于高林之上，暮而得所栖；鼋鼍穴于深渊之下，夕而得所宿。夫趣舍行止，亦人之巢穴也。且各得其栖宿而已，天下非所保也。"因释耕于垄上，而妻子耘于前。表指而问曰："先生苦居畎亩而不肯官禄，后世何以遗子孙乎？"庞公曰："世人皆遗之以危，今独遗之以安，虽所遗不同，未为无所遗也。"表叹息而去。后遂携其妻子登鹿门山，因采药不反。⑪

庞公在襄阳隐士群体的至高地位，得到了所有认识他的人的认可。比如，大名鼎鼎的诸葛亮每次来访，也会在他的坐床旁毕恭毕敬。⑬实际上，他们两家还是姻亲，庞公之子娶诸葛亮的姐姐为妻。⑭与诸葛"卧龙"齐名的"凤雏"庞统，也是庞公亲戚，庞统是庞公的侄子。如前所述，"卧龙""凤雏"两个称号又都出自庞公之口。还有，庞公显然是最早看出年轻侄子才华的人：

> 少未有识者，惟德公重之，年十八，使往见德操。德操与语，既而叹曰："德公诚知人，此实盛德也。"⑫

因此，庞公可说是中国历史上两大隐士诸葛亮和庞统的导师。如果说今天他们的名气远大于庞公本人，部分原因也在于他们最终都选择踏入尘世纷争，在那个时代的大事件中扮演了重要角色。而庞公，至少就我们所知，他从未涉足襄阳城，更别说同意出来做官了。因此，对孟浩然这样的后世文人来说，庞公是真隐的完美象征，一个纯粹的人，终其一生都未受尘世的影响和玷污。

与孟浩然同时的一些诗人也在他们的诗中提到了庞公。比如杜甫几次提到他,玄宗朝著名道教徒诗人吴筠(?—778)也有一首关于庞公的诗⑫。但也许没有哪位唐代诗人像孟浩然这样,有这么多理由亲近庞公。孟浩然在襄阳长大,必定早就熟悉这位大隐士的故事。这种吸引力在诗人移家鹿门前就有了。下面这首诗,显然写于移家鹿门以前,诗人登山的唯一目的,就是找寻旧日隐士留下的痕迹:

登鹿门山怀古

清晓因兴来,乘流越江岘。
沙禽近方识,浦树遥莫辨。
渐到鹿门山,山明翠微浅。
岩潭多屈曲,舟楫屡回转。
昔闻庞德公,采药遂不返。
金涧养芝术,石床卧苔藓。
纷吾感耆旧,结揽事攀践。
隐迹今尚存,高风邈已远。
白云何时去,丹桂空偃蹇。
探讨意未穷,回舻夕阳晚。⑬

"芝""术"是药草名,据说有延年益寿之效,民间草药医师往往多方寻求,尤其是那些热衷于配制长生不老灵药的人。"丹桂"是一种稀有的南方桂树,香气浓郁,树皮赤色,叶似柏叶;⑮有人认为丹桂是传说中月亮上的桂树的人间种。显然,诗中的"丹桂"是很多年前庞公种植的。

这首诗中，寻访隐迹的诗人与远遁的隐士之间尚有一定距离。等孟浩然决定效仿庞公、移家鹿门后，这种距离就不存在了。一旦隐居鹿门，他就有可能更亲密地认同庞公。在《夜归鹿门歌》中，孟浩然确实已完全把自己比作庞公，来到"庞公栖隐处"后，他发现：

> 岩扉松径长寂寥，惟有幽人自来去。

"幽人"指诗人自己还是庞公？抑或二者兼指？

除了特别被历史人物庞公所吸引，孟浩然也结识了一些居住在鹿门的隐士。⑬这些人中可能就有张湮，他是书画大家，也是王维的好友，孟浩然在一首诗中提到他"就庞公隐"，⑭在另一首诗中客气地把他比作庞公：

题张野人园庐

> 与君园庐并，微尚颇亦同。
> 耕钓方自逸，壶觞趣不空。
> 门无俗士驾，人有上皇风。
> 何必先贤传，唯称庞德公。⑮

不过，孟浩然身边最重要的鹿门隐士前辈是王迥。王迥行九，号白云先生，一度是诗人最亲密的襄阳友人之一：孟浩然至少有八首诗是写给他或关于他的。除孟诗提供的线索外，我没有找到关于王迥的更多细节。但可以肯定的是，王迥隐居鹿门的时间早于孟浩然，两人相处甚欢，直到王迥动身出发南游。在下面这首孟诗中，王迥不仅被比作庞公，还被比作圣王尧时的两位传奇隐士：

王迥见寻

归闲日无事，云卧昼不起。
有客款柴扉，自云巢居子。
居闲好芝术，采药来城市。
家在鹿门山，常游涧泽水。
手持白羽扇，脚步青芒屦。
闻道鹤书征，临流还洗耳。⑬

就像庞公"未尝入城府""采药"来鹿门一样，王迥也"采药来城市"。"巢居子"指巢父，尧时著名隐士，拒绝参与世俗事务，以树为巢而寝其上。最后一句"临流还洗耳"指许由（前引《仲夏归南园》诗最后一句也提到过他），也是尧时著名隐士，听说尧准备让位给自己而觉得脏了自己耳朵，于是临清水而洗耳。"鹤书征"特指朝廷征招隐士出仕。⑭王迥拒绝朝廷征招的行为，使他像三位前代楷模一样，可谓真正的隐士。

总之，即便不清楚孟浩然隐居鹿门的确切时间，但显而易见，对诗人来说，这座山早就因两位受人尊敬的人物的存在而笼罩着光环：一个是大名鼎鼎的庞公，是他从历史文本和传统中结识的，一个是没什么名气的"白云先生"，是他现实生活中结交的好友。有这两位榜样在前，孟浩然深受鼓舞，也隐居鹿门山阿。虽说他看来并没有永居鹿门，但这段经历似乎令后世学者印象深刻，认同他是最有名的鹿门山民。

随后几百年间，很多人追随孟浩然足迹隐居鹿门山，其中最著名的无疑是皮日休，他是九世纪诗人、隐士、官员，也是襄阳本地人。⑭1525年（明嘉靖四年），鹿门山立"三高祠"，正式合祀庞公、孟浩然、皮日休三人。⑮也就是说，孟浩然去世近800年后，人们依然真诚相信在鹿门山仍可感应到诗人精魂的存在。

十、诸葛亮

最后，需要指出的是，孟浩然有几首诗还刻意自比为与庞公同时的另一位襄阳隐士诸葛亮。诸葛亮在同意出任刘备首辅前，在襄阳以西六七英里外的邓县家中过着平静的生活。⑬当时，他的亲密知己是襄阳隐士群体中的徐庶和崔州平。因此，当孟浩然在万山送别友人南下时写诗说："耆旧眇不接，崔徐无处寻"，⑭这里的用典很明显。再如，他拜访两位隐士同道时有诗曰："崔徐迹未朽，千载揖清波。"⑮

孟浩然还有一首写给官府朋友的诗，尾联说得更直白：

谁识躬耕者，年年梁甫吟。⑯

《三国志·诸葛亮传》称："亮躬耕于陇亩，好为梁父吟。"⑰孟浩然自比为诸葛亮，虽说主要是为了文学效果，但不免也透露了其性格中自尊的一面：诸葛亮是广受尊崇的历史人物，自比为诸葛亮有让人觉得他有些大言不惭的危险。从孟诗本身以及王士源《序》《新唐书·孟浩然传》可以看出，孟浩然确实颇为自傲。顺便说一句，他这种性格本身，也很像诸葛亮，众所周知，诸葛亮还没进入公共生活时就已自比为古代两大贤相管仲、乐毅。不过，孟浩然也有诗表示与诸葛亮相比自愧不如：

> 自顾躬耕者，才非管乐俦。[18]

无疑，孟浩然偏好自比为诸葛亮，特别共情于庞公，很大程度上是因为他与自己如此尊崇的这两个人有着紧密的地缘关系——他深知，自己是在他们五百年前经常出入的这些山峦谷地间长大和度过生命中的很多年头的。

十一、离家远游

我相信，上面说了这么多，足以说明孟浩然对襄阳的持久眷恋，说明襄阳本地山水和历史对他生活和诗歌的深远影响。在所有唐代诗人中，他与某个特定地方的联系可能比其他任何人都要深，前面说过，后人甚至用地名"襄阳"来称呼他。孟浩然从襄阳这里获得了一种坚实的地方感，这似乎在某种程度上塑造了他的性格。比如他诗中对山的热爱是如此显而易见，似乎终生不变、真诚恳切，不像有些唐代诗人那样只是一种文学姿态。而他对山的喜爱，当然跟他从小就在美丽的襄阳山间长大有关。同样，他后来的习隐，肯定也是受了家乡那几位帝国史上最著名的隐士的激励，他天生就能感受到与他们之间的强烈的地缘纽带。

下一章我们将会看到孟浩然享受游历之乐,在两京和帝国东部地区度过了几年时间。他有几首行旅诗表达了对家乡熟悉的山峦的思念。当然,这完全在意料之中:对唐代大多数羁旅文人来说,他们写的这类诗差不多,表达的情感也大同小异。尽管如此,孟浩然行旅诗的一些写法,可能会比大多数同类诗歌更能给人留下深刻印象,如下面这首:

落日望乡

客行愁落日,乡思重相催。
况在他山外,天寒夕鸟来。
雪深迷郢路,云暗失阳台。
可叹凄惶子,劳歌谁为媒。[14]

"郢"是古楚国国都,位于江陵附近,在襄阳以南。"阳台"即传说中著名的楚襄王邂逅神女处。

不过,我们还是以更欢快的乐章——一首描写回乡喜悦的诗——来结束本章吧:

归至郢中作

远游经海峤,返棹归山阿。
日夕见乔木,乡园在伐柯。
愁随江路尽,喜入郢门多。
左右看桑土,依然即匪佗。[15]

注 释

① 如《淮南子》(约前130年成书)中的说法,见高诱《淮南子注》(台北世界书局1962年版),卷四,第59—60页。

② 译按,马克·吐温(Mark Twain, 1835—1910),美国作家,小说《汤姆·索亚历险记》(1876)、《哈克贝利·费恩历险记》(1884)和回忆录《密西西比河上的生涯》(1883)被称为"密西西比河三部曲";詹姆斯·乔伊斯(James Joyce, 1882—1941),爱尔兰作家,代表作有《都柏林人》(1914)、《尤利西斯》(1922)、《芬尼根守灵夜》(1939);托马斯·沃尔夫(Thomas Wolfe, 1900—1938),美国南方文艺复兴主将,小说代表作有《天使望故乡》(1929)、《时间与河流》(1935)、《网与石》(1939);迪伦·托马斯(Dylan Thomas, 1914—1953),威尔士诗人。

③ 参见闻一多《唐诗杂论·孟浩然》,《闻一多全集》(开明书店1948年版),第三册,第31—32页。

④ Henry Yule 亨利·玉尔 and Henri Cordier 亨利·考狄, *The Book of Ser Marco Polo, the Venetian* (New York: Scribner, 1929), II, 158.

⑤ 郦道元:《水经注》(台北:世界书局1962年版),卷二十八,第361页。

⑥《通典》(《十通》本),卷一百七十七,页943c。参见《襄阳县志》(1873年刊本),"地理形势",卷一,页9a。

⑦ 徐益棠:《襄阳与寿春在南北战争中之地位》,《中国文化研究汇刊》1948年第八卷,第54—55页。孟浩然的时代之后五百年左右,1237年,襄阳在经历旷日持久的围城后陷落,这成了忽必烈占领整个华南地区的必要前奏。

⑧ "州"分三等,襄阳属中等。

⑨《旧唐书》(中华书局1975版),卷三十九,第1550页。另见《新唐书》(中华书局1975版),卷四十,第1030页。注意,据《隋书》,唐初襄阳郡共99577户,见《隋书》(中华书局1973年版),卷三十一,第891页。但如果这些数字是准确的,那意味着襄阳的户籍在七世纪和八世纪

初的繁盛时期比在初唐减少了一半以上,这似乎不太可能。
⑩《新唐书》,卷四十,第1030页。
⑪ 徐益棠:《襄阳与寿春在南北战争中之地位》,《中国文化研究汇刊》1948年第八卷,第56页。
⑫《隋书》,卷三十一,第897页。
⑬ 见第一章,第2—3页。
⑭《隋书》,卷三十一,第897页。《隋书》称龙舟竞渡在"五月望日"(农历五月十五;望日,月圆日),不像今天那样在农历五月初五。正如很多人说过的,龙舟节起源与屈原没有任何关系。
⑮《隋书》,卷三十一,第897页。另见《荆楚岁时记》(《四部备要》本),页6b;罗香林:《唐代文化史》(商务印书馆1955年版),第248—255页,特别是第251页以后。
⑯《襄阳府志》(1760年刊本),卷五,页5b—6a。
⑰ 孟浩然《陪张丞相登当阳楼》,见《孟浩然集》(《四部丛刊》本),卷三,页3a。诗题,据游信利:《孟浩然集笺注》(台北:嘉新水泥公司文化基金会,1968),第137页。
⑱《舆地纪胜》(1855年刊本),卷八十二,页9b;《襄阳府志》(1760年刊本),卷五,页6a。不过,这个建筑物在孟浩然同时代人李颀(690—751)《送皇甫曾游襄阳山水兼谒韦太守》一诗中提及("元凯春秋传,昭明文选堂"),见《全唐诗》(台北:明伦出版社,1971),卷一百三十四,第1365页。
⑲《孟浩然集》,卷一,页11b。
⑳ 如卢照邻(630?—685?)《长安古意》首联:"长安大道连狭斜,青牛白马七香车。"见《全唐诗》,卷四十一,第518页。
㉑ Edward H. Schafer 薛爱华, *The Golden Peaches of Samarkand: A Study of T'ang Exotics* (Berkeley: University of California Press, 1963), p. 228.
㉒《世说新语》(《四部丛刊》本),中卷下,"赏誉",页5a。英译,见 Richard B. Mather 马瑞志, *Shih-shuo hsin-yü: A New Account of Tales of the World* (Minneapolis: University of Minnesota Press, 1976). p.224。

㉓《汉书》（中华书局1975版），卷九十二，第3711页；英译，见Burton Watson 华兹生, *Courtier and Commoner in Ancient China: Selections from the History of the Former Han by Pan Ku* (New York: Columbia University Press, 1974), p. 237。

㉔《史记》（中华书局1972版），卷五十二，第2004页；英译，见Burton Watson 华兹生, *Records of the Grand Historian of China: Translated from the Shih chi of Ssu-ma Ch'ien* (New York: Columbia University Press, 1968), I, 411-412。

㉕《水经注》，卷二十八，第361页。

㉖《襄阳府志》（1760年刊本），卷五，页5a。《新唐书》（卷一百二十，第4323页）将大堤的建造（或准确说，重建）归功于张柬之。张柬之长期担任要职，705年罢黜武后，他是首倡者之一。孟浩然在写于北津戍的《与黄侍御北津泛舟》诗中说："堤缘九里郭。"见《孟浩然集》，卷一，页16b。

㉗ 见郭茂倩《乐府诗集》（台北：世界书局1961版），卷四十八，页7b—8b（诗歌文本）、页6a/b（《襄阳乐》/《襄阳曲》缘起）。唐人所作《大堤曲》/《大堤行》，见《全唐诗》，卷二十一，第274—275页。

㉘ 见郭茂倩：《乐府诗集》，卷四十八，页7a/b；《全唐诗》，卷二十一，第274页。

㉙《孟浩然集》，卷一，页4b。王七，生平事迹不详。

㉚《和于判官登万山亭因赠洪府都督韩公》，见《孟浩然集》，卷二，页9a。

㉛ 很多文献都记载了这个故事，但请看张衡（78—139）《南都赋》李善（？—689）注，见《文选》（商务印书馆1973年版），卷四，第74页。据张衡赋，这个故事至少早在汉代就已流传开来，习凿齿（？—384）《襄阳耆旧传》（重要的地方历史传说汇编）记载了郑交甫遇二游女的确切地点，见《后汉书》（北京：中华书局，1974）李贤（651—684）注引，"志第二十二"，第3481页。另见《水经注》，卷二十八，第360页。

㉜《孟浩然集》，卷一，页13a/b。

㉝《孟浩然集》，卷三，页7b。诗题的修正，据谷口明夫：《孟浩然事迹考——上京応試をめぐって》，《中国中世文学研究》1976年第11期，第

56页。
㉞ 见谷口明夫《孟浩然事迹考——上京应试をめぐって》,《中国中世文学研究》1976年第11期, 第55—56页。
㉟《晋书》(中华书局1974版), 卷三十四, 第1031页。《水经注》误记为:"一碑沈之岘山水中, 一碑下之于此潭(万山潭)。"见《水经注》, 卷二十八, 第360页。
㊱ 九世纪初诗人鲍溶在一首幽默的诗里嘲笑了杜预的虚荣, 诗尾联云:"汉江千岁未为陵, 水底鱼龙应识字。"见《襄阳怀古》,《全唐诗》, 卷四百八十七, 第5533页。
㊲ 道安在襄阳的活动, 见Erik Zürcher许理和的精彩论述, *The Buddhist Conquest of China: The Spread and Adaptation of Buddhism in Early Medieval China* (Leiden: E. J. Brill, 1972), pp. 187-199。
㊳《水经注》, 卷二十八, 第361页。
㊴ 檀溪跃马故事, 最早的记录出自三世纪人郭颁《魏晋世语》, 见《三国志》(中华书局1971版)裴松之(372—451)注引, 卷三十二, 第876—877页。正如裴注引孙盛(350年在世)所言,"此皆世俗妄说, 非事实也"(第877页)。
㊵ 即《冬至后过吴张二子檀溪别业》, 见《孟浩然集》, 卷二, 页2b—3a。
㊶《孟浩然集》, 卷四, 页13a。诗歌标题异文("故", 一作"古")和首联异文("伴", 一作"半";"跃", 一作"濯"), 据宋本、《全唐诗》。这里的译文可以取代我的另一种译文, 见Kroll柯睿,"The Quatrains of Meng Hao-jan," *Monumenta Serica* 31 (1974-1975), 353。
㊷ 陶潜这篇奇幻作品的标准英译出自白之(Cyril Birch)之手, 见Cyril Birch白之, ed., *Anthology of Chinese Literature, from Early Times to the Fourteenth Century* (New York: Grove Press, 1967), pp. 167-168。
㊸《舆地纪胜》, 卷八十二, 页6a。
㊹《水经注》, 卷二十八, 第360页。
㊺《襄阳府志》(1886年刊本), 卷二, 页5a。
㊻《太平御览》两次引《襄阳记》, 文字无异:"宋元嘉中, 武陵王骏为刺

史，屡登之，鄙旧名望郢山，因改为望楚山。后遂龙飞，是孝武望之处，时人号为凤岭，高处有三磴，即刘弘、山简九日宴赏之所也。”见《太平御览》(商务印书馆 1968 版)，卷三十二，页 4b；卷四十三，页 2a。《襄阳记》作者习凿齿（见《三国志》裴注，卷三十九，第 987 页）为四世纪时人，但此条记载涉及五世纪中叶时事，故《襄阳记》至少部分内容应为后人所作。刘骏任职襄阳的具体时间，《襄阳记》称“宋元嘉中”(424—454)，《宋书》称元嘉二十二年（445），见《宋书》(中华书局 1974 版)，卷六，第 109 页。鄢陵旧址在宜城以南三英里处，宜城又在襄阳以南五英里处。鄢陵、宜城的历史沿革，见《襄阳府志》(1760 年刊本)，卷五，页 21a—22b。

㊼《襄阳县志》，“建置”，卷二，页 59b。

㊽ 不过，后来，襄阳本地诗人皮日休有《陪江西裴公游襄州延庆寺》诗传世，见《全唐诗》，卷六百三十，第 7065 页。据此可知，至少到九世纪中叶，延庆寺还有香火。

㊾《孟浩然集》，卷一，页 15a/b。

㊿《通志》(《十通》本)，卷四十，页 550b。

(51)《三国志》，卷四十六，第 1100 页。

(52)《晋书》，卷三十四，第 1020 页。另见《太平御览》(卷八百八十六，页 3a）引四世纪作品《襄阳耆旧传》。

(53)《晋书》，卷三十四，第 1022 页。另见《水经注》，卷二十八，第 362 页。时任荆州刺史的刘弘请李兴撰写了碑文，见《晋书》，卷八十八，第 2276 页。梁大同年间（535—546）重刻石碑。碑文见《襄阳县志》，“地理・古迹”，卷一，第 16a/b；另见《古今图书集成》(台北鼎文书局，1977 年影印 1726 年刊本)，第 151 函，卷一一五五，“职方典”，页 40b—41a。

(54)《王师渡汉水经襄阳》，见《全唐诗》，卷四十三，第 534 页。

(55)《岘山怀古》，见《全唐诗》，卷八十四，第 912 页。

(56)《孟浩然集》，卷三，页 1a。

(57)“泽”，这里译作marsh，特指开阔的草地或灌木丛。“泽”字的这层意思，见 Derk Bodde卜德, “Marshes in Mencius and Elsewhere: A Lexicographical Note,” in *Ancient China: Studies in Early Civilization*, ed. D. Roy芮效卫 and T. H. Tsien 钱存训 (Hong Kong: The Chinese University Press, 1978), pp. 157-166。

(58)《水经注》，卷二十八，第 362 页。

(59) 即《伤岘山云表观主》，见《孟浩然集》，卷四，页 10a。

(60)《孟浩然集》，卷二，页 4b。

(61) 相关文献记载，详见游信利：《孟浩然集笺注》，第 106 页。唐时，宜城还因其“九酝”酒而知名，见李肇：《国史补》（上海古籍出版社 1978 版），卷三，第 60 页。周朝的传奇酿酒大师杜康据说在宜城终老，见《襄阳府志》（1760 年刊本），卷五，页 26a/b。

(62)《孟浩然集》，卷二，页 12a/b。

(63) 见《文选》，卷十六，第 343 页。

(64)《晋书》，卷六十六，第 1765 页。

(65) 见《渊鉴类函》（台北：新兴出版社 1978 版），卷四百二十二，页 7a；《襄阳县志》，“食货”，卷三，页 18b。“槎头鳊”得名缘由，很多文献都认为出自习凿齿《襄阳耆旧传》，但翻检习氏此书残篇，未见相关记载。

(66) 见《渊鉴类函》，卷四百二十二，页 7a/b。《渊鉴类函》引自习凿齿《襄阳耆旧传》，但这段记载显系后人增补。这位襄阳刺史是张敬儿（？—483）。

(67)《孟浩然集》，卷一，页 10b—11a。

(68)《晋书》，卷五十四，第1472—1473页。参见《世说新语》，上卷上，“言语”，页28a；英译，见Richard B. Mather马瑞志, *Shih-shuo hsin-yü: A New Account of Tales of the World*. p.44。

(69)《送王昌龄之岭南》，见《孟浩然集》，卷二，页 12b。

(70) 杜甫《解闷十二首（其六）》，见《杜诗引得》（*A Concordance to the Poems of Tu Fu*，哈佛燕京学社引得编撰处，Cambridge, Mass.: Harvard University Press, 1940），478/4F。

(71) 元好问：《峡口食鳊鱼》，见《遗山先生文集》（《四部丛刊》本），卷十三，页 12a。

(72)《襄阳县志》，“地理 · 山川”，卷一，页 15b。

(73)《孟浩然集》，卷三，页 3b。

(74) 最明显的借鉴可能要数第五、六句，其灵感出自八世纪初沈佺期《游少林寺》第二联：“雁塔风霜古，龙池岁月深。”见《全唐诗》，卷九十六，第 1037 页。

(75)《襄阳府志》（1886 年刊本），卷五，页 29b。

(76)《孟浩然集》，卷三，页 2b—3a。

(77) 孟浩然的这几首诗，以及张说的一首同题材诗，英译见下第六章，第 143—146 页。

(78)《舆地纪胜》，卷八十二，页 8a。

(79) 据《水经注》（卷二十八，第 362 页），池北另有一小池，池水引自大池，这个小池是西晋名士山简的最爱（详见下文）。不过，鉴于没有其他中古时期文献佐证这种说法，我认为郦道元把大小两个池塘合二为一的记载可以接受，也与《世说新语注》中的说法比较吻合，见《世说新语》，下卷上，“任诞”，页 39b—40a；英译，见 Richard B. Mather 马瑞志 , *Shih-shuo hsin-yü: A New Account of Tales of the World*, pp.377-378。据《襄阳府志》（1760 年刊本，卷五，页 15a），习家池水引自白马泉。

(80)《太平御览》（卷五百五十六，页 2b）引《襄阳耆旧传》。另见《太平御览》，卷六十七，页 3a；《水经注》，卷二十八，第 362 页。

(81)《太平御览》（卷四百六十五，页 5a/b；卷四百九十七，页 6a）引《襄阳耆旧传》；《太平御览》（卷六百八十七，页 9a；卷八百四十五，页 a）引《世说新语》。

(82)《世说新语》，下卷上，“任诞”，页 39b-40a；英译，见 Richard B. Mather 马瑞志 , *Shih-shuo hsin-yü: A New Account of Tales of the World*, pp.377-378。

(83)《水经注》，卷二十八，第 362 页。

(84)《晋书》，卷四十三，第 1229—1230 页。

(85)《孟浩然集》，卷二，页 2a。

(86) 如九世纪皮日休《习池晨起》诗，见《全唐诗》，卷六百一十三，第 7066 页。

(87)《孟浩然集》，卷四，页 9b。裴司士，可能就是王士源《序》中提到的裴朏，见 Daniel Joseph Bryant 白润德 , “The High T'ang Poet Meng Hao-jan: Studies in Biography and Textual History” (Unpublished Ph.D. dissertation,

University of British Columbia, 1977), pp. 330-331, n.130。

⑧⑧《卢明府九日岘山宴袁使君张郎中崔员外》，见《孟浩然集》，卷二，页10b—11a。

⑧⑨《孟浩然集》，卷四，页7b—8a。

⑨⑩《全唐诗》，卷一百六十六，第1715页。

⑨① 最早的文人拟作出自梁武帝之手，由沈约配乐。见《隋书》，卷十三，第305页；《乐府诗集》，卷四十八，页9b。

⑨② 事在479年—483年，见《舆地纪胜》，卷八十二，页9a；《襄阳县志》，"地理·陵墓"，卷一，页54b。

⑨③ 陈贻焮：《孟浩然事迹考辨》，《文史》1965年第四辑，第42页。

⑨④《舆地纪胜》，卷八十二，页13a。庾信碑文，见吴庆焘：《襄阳四略》（1900年杭州刊本），"金石略"，卷四，页5a。

⑨⑤ 即《游凤林寺西岭》，见《孟浩然集》，卷三，页7b；宋之问也有一首《使过襄阳登凤林寺阁》诗，见《全唐诗》，卷五十三，第650页。

⑨⑥《新唐书·孟浩然传》（卷二百三，第5780页）称墓在"凤林南麓"。

⑨⑦《孟浩然集》，卷一，页16a。

⑨⑧《孟浩然集》，卷四，页9b。

⑨⑨《太平御览》（卷九百六十六，页2a）引《襄阳记》。

⑩⑩《史记》，卷五十三，第2017页。五色瓜，参见阮籍（210—263）《咏怀诗》其六"昔闻东陵瓜"，见《文选》，卷二十三，第490页。

⑩① 陈贻焮：《孟浩然事迹考辨》，《文史》1965年第四辑，第63页。

⑩② 孟诗对陶潜的指涉，详见第四章。

⑩③《孟浩然集》，卷一，页12b。

⑩④ 吉川幸次郎关于孟浩然出身地方大族的说法比较随意，没有什么根据；铃木修次的看法更合理，他认为诗人家庭属于襄阳下层绅士（即小地主）。分别见吉川幸次郎：《新唐诗选》（东京：岩波书店1974年版），XI，第153页；铃木修次：《唐代诗人论》（东京：凤出版1973年版），第79页。

⑩⑤《孟子·公孙丑上》："我善养吾浩然之气。"见 Hans H. Frankel 傅汉思，*Biographies of Meng Hao-jan* (Berkeley, 1952), p. 7.

⑯《洗然弟竹亭》:"吾与二三子,平生结交深。"见《孟浩然集》,卷一,页 10a。

⑰《入峡寄弟》:"吾昔与汝辈,读书常闭门。"见《孟浩然集》,卷一,页 13b。

⑱即《洗然弟竹亭》,见《孟浩然集》,卷一,页 10a;《送洗然弟进士举》,见《孟浩然集》,卷三,页 10b—11a。

⑲即《送从弟邕下第后归会稽》,见《孟浩然集》,卷一,页 9b。注意,诗题中的"归"(returning home)字,顾本、宋本、《全唐诗》等作"寻"(to seek out),不过"寻"也可以理解为 to trace back/ back-track(原路返回)。陈贻焮认为"从弟邕"即洗然,但论述不太有说服力,见陈贻焮:《孟浩然事迹考辨》,《文史》1965 年第四辑,第 46 页。

⑩即《送莫氏甥兼昆弟从韩司马入西军》,见《孟浩然集》,卷二,页 12a。

⑪如《书怀贻京邑故人》第十一句"甘脆朝不足"、第十四句"捀檄怀毛公",特别是《蔡阳馆》(《孟浩然集》,卷三,页 13b)尾联:"明朝拜嘉庆,须著老莱衣。""拜嘉庆"特指敬奉母亲,见吴景旭:《历代诗话》(上海:中华书局 1960 版),卷四十七,第 620 页。

⑫见陈贻焮《孟浩然事迹考辨》,《文史》1965 年第四辑,第 45—46 页。

⑬见陈贻焮《孟浩然事迹考辨》,《文史》1965 年第四辑,第 45—46 页。

⑭如前述《南山下与老圃期种瓜》一诗,诗人"素业"便在南山附近。有意思的是,德理文(d'Hervy-Saint-Denys)也认为孟浩然"隐居南山"而不是鹿门山,见 d'Hervy-Saint-Denys 德理文, *Poésies de l'époque des Thang* (Paris, 1862), p. 289。

[补注四] 参见第 11 页,补注一。

⑮谷口明夫:《孟浩然事迹考——上京応試をめぐって》.《中国中世文学研究》1976 年第 11 期,第 52 页。

⑯《孟浩然集》,卷三,页 1b。

⑰见第一章,第 2 页。

⑱《孟浩然集》,卷三,页 8a。张维,一作"王维"。

⑲《晋书》,卷九十四,第 2461 页。

⑳嵇康"绝交书"英译,见 James R. Hightower 海陶玮, in Cyril Birch 白之 ed. *Anthology of Chinese Literature, from Early Times to the Fourteenth*

Century (New York: Grove Press, 1967), pp. 162ff。

㉑《报任安书》英译，见Burton Watson华兹生, in Cyril Birch白之ed. *Anthology of Chinese Literature, from Early Times to the Fourteenth Century*, pp. 95ff。

㉒《孟浩然集》，卷二，页1a。

㉓ 如僧人齐己（880年在世）《过鹿门》（《全唐诗》，卷八百三十九，第9466页）、贯休（832—912）《经孟浩然鹿门旧居》（《全唐诗》，卷八百三十，第9352页）等。

㉔ 山上有三世纪末兴建的万寿寺，唐时仍有香火，但似乎不是什么特别重要或有影响力的宗教场所。万寿寺后改称鹿门寺，见《襄阳府志》（1886年刊本），卷五，页29a。《襄阳县志》（"建置"，卷二，页60b）称该寺乃习郁（一世纪初）所建，但这是不可能的。

㉕ 我这段文字综合了《后汉书》李贤注和《太平御览》的说法，二书的相关段落都转引自《襄阳记》。《后汉书》（卷八十三，第2777页）注："《襄阳记》曰：鹿门山旧名苏岭山，建武中，襄阳侯习郁立神祠于山，刻二石鹿，夹神道口，俗因谓之鹿门庙，遂以庙名山也。"《太平御览》（卷九百六，页8a）："《襄阳记》曰：习郁从光武幸黎丘，与光武通梦见苏领神。帝嘉之，使立祠，二石鹿夹道口。百姓谓之鹿门。"

㉖《三国志》注引《襄阳记》，卷三十七，第953页。

㉗《后汉书》，卷八十三，第2776页。

㉘《水经注》，卷二十八，第361页。

㉙《后汉书》，卷八十三，第2776—2777页。《后汉书》本传文字似乎出自皇甫谧（215—282）《高士传》（《四部备要》本，卷三，页10a/b），但我们今天所见的《高士传》似由宋人重建。此外，庞公为人端肃，见《太平御览》（卷八百二十二，页10a）引《襄阳耆旧传》："庞公，襄阳人，居沔水上，至老不入襄阳城。躬自耕耔，其妻相待如宾，休息则整巾端坐，以琴书自娱。睹其貌者，肃如也。"杜甫诗曾两次提及庞公不应刘表征招事：《遣兴五首》其二："昔者庞德公，未曾入州府。……举家依鹿门，刘表焉得取。"《寄彭州高三十五使君適、虢州岑二十七长史参三十韵》："刘表虽遗恨，庞公至死藏。"分别见《杜诗引得》，81/12B；334/41。

⑬⓪《三国志》注引《襄阳记》，卷三十七，第 953—954 页；《后汉书》注引《襄阳记》，卷八十三，第 2777 页。

⑬①《三国志》注引《襄阳记》，卷三十七，第 953—954 页；《后汉书》注引《襄阳记》，卷八十三，第 2777 页。

⑬②《三国志》注引《襄阳记》，卷三十七，第 954 页；《太平御览》注引《襄阳记》，卷五百一十二，页 9a/b。

⑬③ 吴筠《庞德公》，见《全唐诗》，卷八百五十三，第 9660 页。

⑬④《孟浩然集》，卷一，页 9a/b。

⑬⑤ 薛爱华认为"丹桂"即 osmanthus fragrans，见 Edward H. Schafer 薛爱华, "The Capeline Cantos: Verses on the Divine Loves of Taoist Priestesses," *Asiatische Studien/ Etudes Asiatiques* 32. 1 (1978), 53。

⑬⑥ 一些后世文献，如《唐才子传》(台北：广文书局 1969 版，卷一，页 14a)、《襄阳府志》(1886 年刊本，卷二，页 1a)，称张子容在 713 年登进士第以前曾与孟浩然同隐鹿门，但没有任何同时代文献可以佐证这种说法。撇开不论孟浩然移居鹿门至少是在 713 年的十年以后，张子容的传世诗作一次也没有提到过鹿门，孟诗也从未谈及二人同隐之事，或谈及张氏的鹿门隐修处。张子容确实在白马山有私宅，但那是在河对岸，距离鹿门约七英里远。

⑬⑦ 即《寻张五》："闻就庞公隐，移居近涧湖。"见《孟浩然集》，卷四，页 8b。

⑬⑧《孟浩然集》，卷四，页 8b-9a。张湮事迹，详见陈贻焮：《孟浩然事迹考辨》，《文史》1965 年第四辑，第 46—47 页。

⑬⑨《孟浩然集》，卷一，页 16a。

⑭⓪ 参见孔稚珪（447—501）《北山移文》写假隐士接到朝廷征招令后欣喜若狂，见《文选》，卷四十三，第 957 页。

⑭① 见 William H. Nienhauser, Jr. 倪豪士, *P'i Jih-hsiu* (Boston: Twayne Publishers, 1979), pp.22ff。

⑭② 三高祠，实际上是对过去庞公祠的改建。见《襄阳府志》(1886 年刊本)，卷七，页 5a。

⑭③《三国志》注引《汉晋春秋》："亮家于南阳之邓县，在襄阳城西二十里，

⑭《和于判官登万山亭因赠洪府都督韩公》,见《孟浩然集》,卷二,页 9a。
⑮《寻梅道士张山人》,见《孟浩然集》,卷三,页 6b。
⑯《与白明府游江》,见《孟浩然集》,卷三,页 6a。
⑰《三国志》,卷三十五,第 911 页。《梁父吟》,又作《梁甫吟》,楚地民歌,诸葛亮为此歌做新词。诸葛亮以及后来其他文人所作《梁甫吟》,见《乐府诗集》,卷四十一,页 5b 以及随后几页。
⑱《与黄侍御北津泛舟》,见《孟浩然集》,卷一,页 16b。
⑲《孟浩然集》,卷三,页 15a。
⑳《孟浩然集》,卷三,页 13a。第二句中的"山阿",让人想到《楚辞·山鬼》开篇:"若有人兮山之阿。"这个楚国典故正好用来开启返乡(楚地)旅程。第四句中的"伐柯"乃意译,直译应作"hewing an axe-handle",典出《诗经·伐柯》(毛诗,158):"伐柯伐柯,其则不远。"诗人这里的用法似出自潘岳《河阳县作》:"引领望京室,南路在伐柯。"见《文选》,卷二十六,第 570 页。最后一句,让人想到《诗经·頍弁》(毛诗,217):"岂伊异人,兄弟匪他。"

① 号曰隆中。"见《三国志》,卷三十五,第 911 页。

第三章　旅人视界

虽说孟浩然与其出生地的关系特别紧密，但他还是四处游历了很长一段时间。实际上，在他生命的最后15年里，他在路上的时候比在襄阳家中多。这里，我们的重点不是详细追踪他游历的方方面面：我们不可能在一章的篇幅里逐一记录诗人到过的唐代中国各地，也不可能翻译他游历期间写下的各类诗歌。我们的目的是通过选取诗人的一些代表性诗作，来看他旅居异乡时摹写周边环境和自己印象的各种独特模式。（接下来几章还会零星论及诗人的一些行旅诗。）

我们这就和诗人一起前往帝国最宏伟的都市。

一、长安：希望与绝望

八世纪上半叶的唐都长安，不仅是中国最重要的大都市，也是全世界最宏伟的城市。它雄伟的建筑、宽阔的大道、辉煌的寺庙道观、熙熙攘攘的集市，任何地方都难以比拟。长安是一座国际化大都市，人口100多万，有来自亚洲各地的使节、商人、艺人和宗教人员。在唐人看来，这里是最高荣耀和权力的脉动中心，是文化的所在地，也是满足每个士人和准官员热切希望的终点站。[①]

孟浩然唯一一次确切无疑的长安之行，似乎可以说是他人生的一个转折点。前面说过，他这次出行的目的是应进士举[补注五]。作为襄阳推举的两位考生之一②（他年近四十，可能是襄阳一地考生中年龄最大的人之一），他应在农历十月下旬（公历12月初）抵达京城。③如果这一年是我（以及谷口明夫）推断的727年的话，那孟浩然到达长安的时间，差不多就与玄宗返回长安的时间11月28日约略同时——玄宗此前驻跸"东都"洛阳三年。大年初一，也就是公历2月初或2月中旬，孟浩然与全国其他各州考生郑重地齐聚朝堂，该年的乡贡，也就是各地有志入仕的士子们，正式觐见皇帝。④

进士考试本身在这个月稍后举行，考试结果在农历二月发榜公布（公历3月底或4月初）。下面这首热情洋溢的诗，就是期望很高的孟浩然在等待官方公布中榜名单时写的。诗歌为排律体，由多个对仗句组成：

长安早春

关戍惟东井，城池起北辰。
咸歌太平日，共乐建寅春。
雪尽青山树，冰开黑水滨。
草迎金埒马，花伴玉楼人。
鸿渐看无数，莺歌听欲频。
何当桂枝擢，归及柳条新。⑤

诗中的一些形象和指涉，尽管对诗人的同时代人来说意思很清楚，对今天的读者来说则需要稍作解释。"井"是星宿名，为二十八"宿"之一，对应的地理分野为前秦，特别是长安一带。⑥"北辰"是北极星（大熊星座），中国星图中最有权柄的恒星，好比长安是地上的中心城市。再者，众所周知，汉时长安的北城墙，乃仿北斗七星形状修建；⑦唐都长安其实是新城，在旧都附近，不是同一个地方，但唐代诗人常以古喻今，爱用过去的辉煌大都来镜照当今帝国。"太平日"是描写普遍和平安宁的盛世，诗人认为国家正处于这样的治世。"寅"是夏历正月，北斗星斗柄循环旋转一圈后复归寅位，代表岁始；⑧孔子认为好政府应行古代夏朝历法，以春天和寅月为岁首，⑨而本朝正是这么做的，可见其为政有德。

第六句中的"黑水"指北方河流，按传统方位和色彩的对应关系，北方为黑色。⑩第九句中的鸿雁（"鸿"）指候鸟春季回迁，但可能更主要是用《易经·渐卦》典："鸿渐于干。"据经传注疏，鸿雁从低洼水域逐渐飞升至天上云中，故"鸿渐"比喻有志者在世上崭露头角。就孟诗语境而言，诗人在长安目睹了很多（"无数"）成功例子，他希望自己很快也能成为其中一员。"桂枝擢"即通过考试，诗人梦想自己榜上有名，在春天结束前荣归故里。

细读诗歌，可以看出诗人对诗歌形象的精心编排。首四句是宏大的宇宙纪年，中间四句为地上景象，最后四句是对诗人自身的个体关注。尽管一些诗句的潜在意义具有强烈的个人色彩，如最后四句，诗人还是一丝不苟地编排他的字面形象来描画"长安早春"。

但诗人春天的希望落空了：这一年共取进士20人，诗人榜上无名。尽管很失望,或者说可能正是因为这种失望,诗人似乎才从夏至秋滞留长安,大概想要得到一些私人举荐,但显然一无所获。到了秋天,他诗歌的基调已彻底改变,如下面这首写给僧人的诗:

秦中感秋寄上人

一丘常欲卧,三径苦无资。
北土非吾愿,东林怀我师。
黄金燃桂尽,壮志逐年衰。
日夕凉风至,闻蝉但益悲。⑪

"三径"一般指代隐士的乡间居所。"东林"即著名佛教高僧慧远（334—416）创建的东林寺,诗人常用"远公"称慧远（所以在寄给"远"上人的诗中用这个典故很贴切）,远公东林寺在彭蠡湖附近的庐山（本章后面还会谈到慧远和庐山）。第五句将花费的金钱比作燃桂为薪,意思是诗人的财力白白浪费在了都城昂贵的生活环境中；这一句用著名政治家苏秦故事（也意味着诗人自比为苏秦）,据说苏秦抱怨难见楚王之面,抱怨游楚期间"食贵于玉,薪贵于桂"。⑫全诗以悲愁之音作结,秋蝉的哀鸣也让诗人心烦意乱,与他在欣欣向荣的春天所见的欢快自然景象形成让人伤心的反差。

诗人逗留长安期间所作诗歌,限于篇幅,这里只能再引一首。这首诗为排律,也是写于凄清的秋天,雨水连绵不断:

秦中苦雨思归赠袁左丞贺侍郎

为学三十载，闭门江汉阴。
明敭逢圣代，羁旅属秋霖。
岂直昏垫苦，亦为权势沉。
二毛催白发，百镒罄黄金。
泪忆岘山堕，愁怀湘水深。
谢公积愤懑，庄舄空谣吟。
跃马非吾事，狎鸥真我心。
寄言当路者，去矣北山岑。⑬

前八句中，诗人的声音极其愤懑不满，这里可能还有比怀才不遇的悲痛更偏激、更苦恼的情绪在。连绵不断的大雨，在诗人看来似乎是仕进挫败的标志，他甚至动用了经书原典中大禹时期水患造成的"昏垫苦"一词来形容，⑭现在，这种苦楚，又因为诗人进一步隐喻自己被权势者淹没（"沉"）而更显沉重。和前一首诗一样，这里诗人自比苏秦，苏秦第一次求官也没能成功。⑮（苏秦这个先例，这段时间似乎一直萦绕在诗人心头：诗人出京后有好几首诗都提到了他，特别是他"书十上而说不行"一事）。

接着，诗人的思绪转向家乡；他想念岘山（流泪自然是因为想到了岘山上的羊祜碑），似乎把自己的身份和处境比作著名的贾谊、谢灵运、庄舄，他们和他一样，也因为怀才不遇或思念家乡而黯然神伤。⑯这就引出了颇为桀骜不驯的最后四句，诗人声称要弃绝世俗进取心。与蔡泽所说的"跃马"享受荣华富贵不同⑰，孟浩然更愿意效仿《列子》中那个没有心机的人，他每天与海鸥嬉戏，海鸥也不防备他。⑱诗人最后还颇有几分戏剧性地寄语"当路者"，声称自己要离开政治和权力领域，前往隐士居所。⑲

在结尾的大声宣告中，孟浩然似乎找到了此后他觉得最舒服的意象和语调——那属于无拘无束的隐士。这种性情似乎一直是孟浩然诗歌视野的一个重要元素，部分要归因于他对襄阳传统的感性认识，但另一方面，当他发现仕进之途对他关上了大门，这种性情在他的作品中就似乎更加明显了。孟浩然离京时，几个朋友为他送行，一直送到长安以东二十英里外的新丰客栈，诗人写诗作别，尾联也发出了同样的声音：

拂衣从此去，高步蹑华嵩。⑳

虽说在京城的这一年让人失望，但到了离别时，诗人已开始——至少在他的诗作中——与自己的失败达成和解。他太骄傲了，或许也是因为后来真的不在乎了，他再也没有回到京城参加第二次科举[补注六]，就像他在一个仕进成功的朋友面前自嘲的那样，他宁可做个"不调者，白首未登科"。㉑

二、洛阳欢宴

洛阳，无疑是唐代中国第二大城市，孟浩然到访过几次。前面我们提过他早年间的一次到访，大概在718年，他拜见了退休在家的政治家姚崇。㉒他似乎至少还另外到访过洛阳两次，分别在八世纪二十年代中期和末期。可能是在八世纪二十年代中期那次,他结识了张九龄(时任政府高官),以及青年才士储光羲、崔国辅和綦毋潜,他们三人将在下一个十年成为受人尊敬的诗人,而这时才刚刚踏入仕途。[23]很可能也是在这次访洛期间,我们的诗人还初次结识了王维。[24]

到了唐代,洛水边的这座古城已经累积了堪与作为帝国首都和文化中心的长安相媲美的悠久丰富的遗产。与西都长安相比,东都洛阳的地理位置更居中,气候也更温和宜人。在唐人看来,同为宏伟的大都,洛阳或许略输壮观,但也平添了几分优雅。实际上,武则天在位期间,洛阳大多数时候都是国都和宫廷所在地。玄宗在位的第一个二十五年间,也五次将自己的宫廷移置洛阳,在洛阳的时间共计九年半。

虽然孟浩然的洛阳诗很少有特别出色的,但总的说来,它们成功展现了诗人那迷人的放松、满足姿态。在这些诗中[25],他喜欢化身为董京;董京是三世纪末的隐士,曾游历洛阳,在那里自娱自乐。[26]抱着这种心态,孟浩然沉醉于友谊和欢乐中,在诗中脱口而出:

> 开襟成欢趣,对酒不能罢。[27]

孟浩然是在包融(727年在世)家中宴饮时写下这联诗的。包融在开元初年成名,为"吴中四子"之一,[28]八世纪二十年代中期在张九龄的引荐下历任多个官职。据说包、孟二人交情深厚,包融的两个儿子(后来也都有诗名)还跟从孟浩然学诗。[29]

孟浩然的洛阳诗,我们可以下面这首为例,为配合储光羲五绝《洛阳道》组诗而作:

珠弹繁华子,金羁游侠人。
酒酣白日暮,走马入红尘。[30]

诗句简洁地写出了洛阳年轻浪荡子那炫耀的,有几分怠惰、酩酊的意态。这里,就像孟浩然几乎所有的洛阳诗一样,全无他长安诗中那种显见的紧张感。

下面我们以诗人离开洛阳、动身前往东南吴越地区时所写的一首诗来结束本小节,然后再跟随诗人的游历步伐继续前行:

自洛之越

遑遑三十载,书剑两无成。
山水寻吴越,风尘厌洛京。
扁舟泛湖海,长揖谢公卿。
且乐杯中物,谁论世上名。[31]

三、吴越:景与情

长安行之前和之后,孟浩然总共用了几年时间游历了东南的长江两岸(今江苏南部和浙江北部),还沿长江上行,直到洞庭湖(位于今湖南)。

沿海省份是唐代中国的园林胜地,风景得天独厚,山间林木茂盛，四处溪流涓涓，浇灌大地后蜿蜒入海。这里有着丰富的近世史，从 220 年汉代灭亡到唐代立国，南方六个朝代的主要疆域都在这一带。

沿海各州府最著名的风景胜地大概要数杭州以南的会稽地区，这里有著名的天台山脉，其峰峦坡谷在孟浩然生活的时代几乎已全属释道领地，布满佛寺道观。在第七章，我们将再同诗人一道在更合适的精神语境中探察这些高地，这里我们只专注于诗人的河岸诗，跟随他从杭州上至浙江，接着，穿越数百里格㉜的中间地带，最后抵达长江的两大湖泊。

孟浩然有大量佳作写于游历吴越期间。下面这首观钱塘江（浙江下游杭州段）大潮诗就是一个很好的例子。八月的满月前后，钱塘江大潮翻腾涌动，令人生畏，仿佛带着冲天怒气直扑杭州而来：

与颜钱塘登樟亭望潮作

百里雷声震，鸣弦暂辍弹。
府中连骑出，江上待潮观。
照日秋云迥，浮天渤澥宽。
惊涛来似雪，一坐凛生寒。㉝

早在前二世纪，就有文学作品描写壮观、骇人的钱塘潮涌。㉞ 这里，孟诗以汹涌浪潮的雷鸣声开始他对这个强音题材的描写，㉟潮声暂时盖过和谐官署内的轻柔乐声，地方官员们也停止办公。诗歌后半部分的形象搭配格外引人注目：把"照日"带上高天的

"秋云"是钱塘江潮的翻涌叠浪,这些浪潮像是天上的层层白云;同样,"浮天"既形容天空飘浮在升腾的水面上,又指开阔、躁动的江水本身,其翻滚的白浪像是把白雪驱来观众眼前,令观者"凛生寒"。诗人还有其他两首诗写到钱塘潮㊱,但都没能像这首这样如此精彩地描画出让人难忘的景象,其他唐代诗人也很少做到这一点。

游历途中,身边美丽新奇的景象常常让诗人才思泉涌,热情高涨。他的很多行旅诗到结尾时都洋溢着欢乐之情,如下面这首《早发渔浦潭》(渔浦在距离杭州约十五英里处的钱塘江上):

早发渔浦潭

> 东旭早光芒,渚禽已惊聒。
> 卧闻渔浦口,桡声暗相拨。
> 日出气象分,始知江路阔。
> 美人常晏起,照影弄流沫。
> 饮水畏惊猿,祭鱼时见獭。
> 舟行自无闷,况值晴景豁。㊲

注意,随着船的移动和诗行本身的推进,天渐渐亮了,景色也渐次展现出来。前四句棒极了,在日出的微光和安静的聒噪声中,慢慢可见水上的模糊形影,接着是岸上的禽鸟,最后是一览无遗的整个河岸景色。

孟浩然以前,也有一位当时被人看重但现已鲜为人知的诗人丘迟(464—508)写过一首渔浦诗《旦发渔浦潭》,收入影响很大的《文选》,㊳孟浩然和其他唐代诗人想必都熟悉。虽说诗歌标题接近,但孟诗的措辞和意象的构成与丘诗没有什么关系。不过,孟浩然自己坐船经过渔浦时,前人的作品无疑触发了他的诗意回应——正如他在更上游处有诗写行经七里滩,而三个世纪以前谢灵运也留下过一首吟咏七里滩的名篇。㊴孟浩然很多行旅诗的写作地点,都是前人吟咏过的对象,有意思的是,几乎所有这类孟诗都看起来没有负担,态度自信:似乎在某种程度上,知道前辈诗人的存在让他喜悦地确信自己的天赋。

然而,孟浩然一些更有力量,可能也更有名的行旅诗,表达了远方游子对家乡和朋友的深切思念。比如下面这两首常被收入各种选本的诗,属于他最有名的作品,写于诗人沿浙江(钱塘江)往上游行船经过的桐庐和建德,其地在杭州西南四十五或五十英里处。第一首诗写给诗人的广陵朋友(下面第六句中的维扬,是广陵的古称,指长江口附近重要的商业中心扬州):

宿桐庐江寄广陵旧游

山暝听猿愁,沧江急夜流。
风鸣两岸叶,月照一孤舟。
建德非吾土,维扬忆旧游。
还将两行泪,遥寄海西头。㊵

这里的夜景不能带给诗人任何欢愉,反而让他感到与世隔绝。凄凄猿啼,萧萧木叶,加重了日落时分的静寂;照亮诗人所乘"孤舟"的月光,也突出了沉甸甸的黑暗和孤独。诗人逆流而上,不言而喻，与河水的自然走向背道而驰，河水奔流向海，亦即诗人朋友所在的广陵旁边的那个海，这也加深了诗人的离群感。诗人只能把自己的相思之泪（还有他的诗）托付给河流本身，希望它们能流回到"海西头"的朋友那里。请注意，诗人这里让河流充当信使的角色再合适不过，河流取代了中国诗歌传统中更常见的将言说者的思想情感传达给远方朋友或爱人的月光。

另一首诗是绝句，大致也写于同一河段：

宿建德江

> 移舟泊烟渚，日暮客愁新。
> 野旷天低树，江清月近人。㊶

要说有什么不同的话，这一首比前面那首更冷冽，游子的孤独感表现得更强烈。注意看静止不动的"移舟"和"日暮"如何被用来加重诗人的忧郁，看光照如何逐渐暗淡下来（烟渚—日暮—野旷—天低），最终只剩水面映漾的月光陪伴在诗人左右。月亮近在眼前，但只是加剧了他与家人朋友的物理距离；自然界看似紧凑的外在空间与诗人情感的无限内在空间形成尖锐的对比。但诗的聚焦并不在诗人身上，而在周围的自然环境。诗人的情感，主要是通过自然环境的呈现，在精心选择的自然形象中被暗示出来的。（他的这一诗歌手法，第五章还会讨论。）㊷尾联的灵感出自《文选》所收谢灵运诗的两句：

>　　野旷沙岸净，天高秋月明。㊸

我认为孟浩然这里超越了他的著名前辈，应该不会有什么争议。

　　现在，我们跟随诗人沿长江上行，来到浩渺的彭蠡湖畔（彭蠡湖，今天更为人知的名称是鄱阳湖，在江西北部）。在中古作家心目中，彭蠡湖与庐山密切相关；庐山矗立在彭蠡湖西北角，唐代诗人的彭蠡湖诗，没有哪一首不把庐山放在显著位置。庐山不仅以风景优美著称，还因山中居住的历代著名隐士和僧人道士而闻名。㊹这些以往的居民包括匡俗，传说中的上古人物，据说他在庐山成仙，为纪念他，庐山又名匡阜，即"匡的山"；还有陆修静（406—477），五世纪优雅的道教宗师、藏书家，晚年以庐山为讲道大本营。但与庐山相关的所有名人中，最重要的还是高僧慧远，他380年左右定居庐山，建东林寺，这是中国佛教史上意义重大的一环。㊺史传称慧远生命最后30年间从未离开过庐山，足迹未曾出虎溪——东林寺地界。他的记叙散文《庐山略记》淋漓尽致地表达了他对庐山风景及其精神奇迹的欣赏，中古时期不少文献以引文的形式保存了部分段落。㊻

　　六朝时期的一些大诗人，如谢灵运（曾是东林社成员）、鲍照（？—466）[编者注：《辞海》为（约414—466）]、江淹（444—505），都有庐山诗传世。㊼这些唐前诗歌大多着眼于庐山本身，而孟浩然的全部三首庐山诗则都聚焦于水。在其中两首夜泊诗中，㊽诗人的思绪重在东林佛寺的静谧和香炉峰的壮观；香炉峰在庐山东南，云雾缭绕。而在下面这首诗中，孟浩然描绘了令人

难忘的庐山日出奇景:

彭蠡湖中望庐山

太虚生月晕,舟子知天风。
挂席候明发,渺漫平湖中。
中流见匡阜,势压九江雄。
黤黕凝黛色,峥嵘当曙空。
香炉初上日,瀑水喷成虹。
久欲追尚子,况兹怀远公。
我来限于役,未暇息微躬。
淮海途将半,星霜岁欲穷。
寄言岩栖者,毕趣当来同。[49]

第一部分(前十句)全是光与色,从太空月晕的苍白大气,[50]到香炉峰瀑布折射的完美彩虹。[51]尤其精彩的是,孟浩然写出了庐山那气势摄人的出场,它的巨大轮廓从早晨的幽暗中现身为青黑色。("九江"指彭蠡湖以北的九江市,但也泛指该地区,这里有众多小河汇入长江。)第二部分(后八句)写诗人沉思眼前景象,不奇怪,这里让他想到了慧远("远公"),对唐代诗人来说,慧远是庐山主导性的历史人物,也想到了尚子平("尚子"),他是一世纪初的隐士,弃家遍游"名山"。[52]在结尾处,诗人承诺终将回到庐山,像过去和现在的那些山民一样,在这里安静地隐居。就行旅诗而言,这个结尾极其传统,当然也是可以接受的,但必须承认,我们期待更多,想看到一些不那么传统的东西,这样才配得上这首诗的壮观开篇。如果说孟浩然的长诗（八句以上）有一个突出缺点的话，这个缺点便是他开篇熠熠生辉的语言火花有时会在结尾处太过无声无色，就像这首诗一样。无论如何，有了前十句，我们尽可以称赞这位不完美的天才。

诗人游历的最南端似在江西中部和南部的赣江。赣江向北流，经过一长段险滩后，尽数倾入彭蠡湖。据九世纪初的一份文献，这段险滩乃"险绝之所"。㉝行经这段水程时所作的诗，是孟浩然全集中最令人战栗的作品之一。这是一首排律。

下赣石

赣石三百里，沿洄千嶂间。
沸声常浩浩，洊势亦潺潺。
跳沫鱼龙沸，垂藤猿狖攀。
榜人苦奔峭，而我忘险艰。
放溜情弥远，登舻目自闲。
瞑帆何处泊，遥指落星湾。㉞

（"落星湾"在彭蠡湖西北，靠近庐山。）

现在，该从赣石和彭蠡湖动身前往洞庭湖（今湖南北部）了，这是我们吴越旅程的最后一站。洞庭湖的广阔水域及其周围的潮湿低地，在文学作品中多有描绘。这片湿雾氤氲的土地很久以前就成了楚国宫廷猎苑云梦泽的南部边界，也是荆、吴两地的传统边界。孟浩然秋日泛舟湖面时写下的这几句诗，描画了洞庭湖的一望无垠：

> 莫辨荆吴地，唯馀水共天。
> 渺瀰江树没，合沓海湖连。㉟

不过，洞庭湖在孟诗中的作用似乎是为了表达不满情绪。它离洞庭湖南的名城长沙很近，那里"饶瘴疠"，㊱是汉初年轻才士贾谊的凄惨流放地，让诗人想到仕途的危险。实际上，孟浩然的两首洞庭湖诗都写给一位当代的长沙流放者，他是小有名气的诗人阎防，㊲因官场获罪而贬谪长沙。

也许是因为洞庭湖远离京城，当然还因为诗人对这里是无人赏识的才士的流放地的强烈文学感受，诗人在下面这首诗中采用了怀才不遇的才士的姿态和口吻。诗歌从描写壮丽的湖水本身以及湖中景色开始，时节是秋天，是传统中描写洞庭湖的最好季节：

临洞庭

> 八月湖水平，涵虚混太清。
> 气蒸云梦泽，波撼岳阳城。
> 欲济无舟楫，端居耻圣明。
> 坐观垂钓者，徒有羡鱼情。㊳

这首诗几乎从问世起就受到了中国学者的赞赏——比如说殷璠在753年编的重要诗选《河岳英灵集》收孟诗六首，这是其中之一，而且殷璠在诗人小传中特别指出此诗第二联为"高唱"。㊴后世论者对这首诗的评价高度一致。㊵因此，这里最好是对诗中一些特定意象、措辞和暗讽稍加讨论。

"太清"即倒映在湖面上的蓝天，地上的大湖包住了上面的天空（"涵虚"）。岳阳城在洞庭湖东北岸，其城墙（同样，也只是水面上的倒影）正被湖水的柔和波浪拍打。诗的前四句领着我们从视野开阔的湖泊和湖面来到人口稠密的岳阳城，诗人也随之将重心放在自己身上，放在他与城市所象征的社会世界的关系上。第五句表面上很贴切诗歌语境中的湖泊意象，却暗流涌动，[61]诗人用典暗示缺少有权势的朋友将自己的名字渡越隔开他与皇帝（即第六句中的"圣明"）的鸿沟。诗人为自己闲居在家感到羞愧，对那些钓官成功的人心生羡慕。读者会注意到，这里的钓鱼意象用得很恰当，化用《淮南子》相关段落也很贴切："临河羡鱼，不如归家织网。"[62]

《临洞庭》这首诗的标题有异文，《文苑英华》作"望洞庭湖上张丞相"，《全唐诗》作"望洞庭湖赠张丞相"，果如此，那这首诗就是写给丞相张说的。[63]如果张说确实是诗歌的接收者，诗人渴望引荐或出仕的隐秘诉求就会更显豁。但我不认为这首诗的真正优点取决于所谓接收者的身份地位。要知道，这首诗的语调在孟浩然（以及其他很多唐代诗人）的洞庭湖诗中颇为典型。无论如何，这首诗的艺术性，就像诗人的很多行旅诗一样，很大程度上取决于他是否有效地融合了自然风光、文学传统和个人情感。

我们与诗人的短暂旅行，或许在一个既很真实又有点奇幻的地方结束比较合适，这就是洞庭湖以西的武陵。武陵（今常德）是陶潜著名奇幻故事"桃花源"的所在地，故事中的渔人误入香格里拉，那里民风淳朴，居住着秦朝灭亡时避乱的难民后裔。诗人写诗讲述自己在这一地区的旅程时，"桃花源"故事必定萦绕在他心中。

在《武陵泛舟》这首诗中，㉔诗人写他自己重走了陶潜笔下渔人的旅程：沿着狭窄的河流逆流而上，经过"花林"，在"幽源"后面，抵达"仙家"之地，其环境"弥清尘外心"。㉕但在下面这首诗里，诗人又小心避免提及桃花源，直到令人惊讶的最后一句。

宿武陵即事

川暗夕阳尽，孤舟泊岸初。
岭猿相叫啸，潭影侣空虚。
就枕灭明烛，扣船闻夜渔。
鸡鸣问何处，人物是秦馀。㉖

黎明时分，诗人一觉醒来，睡眼惺忪，发现自己似乎不在现实中的武陵，而是在陶潜的寓言里！诗歌既是对旅人夜间孤独入眠、清晨迷糊醒来的精彩描写，又是对文学幻想的力量的绝佳再现。

注　释

① 长安（以及洛阳）的城市布局，包括地图，详见平冈武夫：《长安与洛阳》(日本京都大学人文科学研究所1956版)。最好的相关英文概述，见 Edward Schafer 薛爱华，"The Last Years of Ch'ang-an," *Oriens Extremus*

10.2 (Oct. 1963), 136-143。

[补注五] 参见第 11 页，补注一。

② 襄阳这样中等规模的"州"，可推举两名考生进京应考；大州推举考生三人，小州一人。

③ Robert des Rotours 戴何都, *Le Traité des examens: traduit de la Nouvelle Histoire des T'ang*《新唐书选举志译注》(Paris: Librairie Ernest Leroux, 1932), p. 39 and p. 170, n. 2。

④ Robert des Rotours 戴何都, *Le Traité des examens*, p. 39 and p. 170, n. 2。

⑤《孟浩然集》(《四部丛刊》本)，卷二，页 6a。这首诗有时也系于孟浩然密友张子容（详见第四章）名下。

⑥ 见 Edward Schafer 薛爱华, *Pacing the Void: T'ang Approaches to the Stars* (Berkeley: University of California Press, 1977), p. 82。

⑦ 见 Stephen James Hotaling, "The City Walls of Han Ch'ang-an", *T'oung Pao* 64.1-3 (1978), p. 39。

⑧ 见高诱《淮南子注》(台北：世界书局 1962 版)，卷三，第 45 页。

⑨《论语·卫灵公》："行夏之时。"

⑩ 学界大费周章试图确定"黑水"的具体位置，但各种典籍中的"黑水"都远在长安以西，结果一无所获。如果这里的"黑水"确有特指（我认为这一点还远不能确定），我会说诗人指的是黄河，690 年广为传播的《大云经》"疏"称黄河为"黑水"（《大云经疏》是为了用佛教术语证明武则天称帝合法性而编写的）。见 R. W. L. Guisso 桂雨时, *Wu Tse-t'ien and the Politics of Legitimation in Tang China* (Bellingham, Wash.: Western Washington University, Program in East Asian Studies, 1978), pp. 43-44。

⑪《孟浩然集》，卷三，页 9b。

⑫《战国策》(台北：商务印书馆 1967 年版)，卷十六，第 31 页。

⑬《孟浩然集》，卷二，页 6a/b。诗歌标题中的两位官员，袁左丞即袁仁敬（约 720—730 年在世），他是张九龄的密友，贺侍郎为贺知章（659—744）。见谷口明夫《孟浩然事迹考——上京应试をめぐって》，《中国中世文学研究》1976 年第 11 期，第 50—51 页。

⑭《书经·益稷》："洪水滔天，浩浩怀山襄陵，下民昏垫。"英译，见 James Legge 理雅各, *The Chinese Classics* (Hong Kong: Oxford University Press, 1960), III, 77。

⑮ 诗歌第八句"百镒罄黄金"，用苏秦故事，《战国策》（卷三，第 17 页）记载说："说秦王书十上而说不行，黑貂之裘弊，黄金百斤尽，资用乏绝，去秦而归。"诗人的花销比苏秦更大：苏秦花了黄金一百"斤"，诗人花了黄金一百"镒"，镒比斤重 50%。

⑯ 贾谊（前 201—前 169）[编者注：《辞海》为（前 200—前 168）]，汉代宫廷才士，贬谪南方瘴地长沙，途经湘江，作《吊屈原赋》抒发自己的怨愤之情，据说一个多世纪以前，屈原被贬后在湘江（又称汨罗江）自沉。贾谊《吊屈原赋》，见《文选》（香港：商务印书馆 1973 版），卷六十，第 1302 页及随后几页。诗人谢灵运（385—433）多次在诗中谈到他的"愤懑"，这是他喜欢的一个词。庄舄，战国时越人，仕于楚，生病时常无意识地换用家乡方言，见《史记》（中华书局 1972 版），卷七十，第 2301 页。

⑰《史记》，卷七十九，第 2418 页。

⑱《列子》（台北：艺文印书馆 1971 版），卷二，页 6a；英译，见 A. C. Graham 葛瑞汉, *The Book of Lieh-tzu* (London: John Murray, 1960), p. 45。

⑲ "北山"代指隐士居处，典出五世纪孔稚珪《北山移文》，见《文选》，卷四十三，第 957 页及随后几页。

⑳《京还留别新丰诸友》，见《孟浩然集》，卷四，页 5a。

[补注六] 参见第 11 页，补注一。

㉑《陪卢明府泛舟回岘山作》，见《孟浩然集》，卷二，页 3b。

㉒ 见第一章，第 5 页。注意，717 年 3 月至 718 年 11 月，玄宗朝廷也在洛阳。

㉓ 见谷口明夫《孟浩然事迹考——上京应试をめぐって》，《中国中世文学研究》1976 年第 11 期，第 57 页。储光羲、崔国辅、綦毋潜三人都是 726 年进士。

㉔ 见谷口明夫《孟浩然事迹考——上京应试をめぐって》，《中国中世文学研究》1976 年第 11 期，第 58 页。

㉕ 如《宴包二宅》《孟浩然集》,卷一,页 10b)尾联:"烟暝栖鸟迷,余将归白社。"又如《李氏园卧疾》(《孟浩然集》,卷四,页 7b)尾联:"年年白社客,空滞洛阳城。"白社在洛阳东,董京游洛阳时常宿止白社,后世多借指隐士居所。

㉖ 见《晋书》(中华书局 1974 版),卷九十四,第 2427 页。

㉗《宴包二宅》,见《孟浩然集》,卷一,页 10b。

㉘ 吴中四子中的其他三人分别为贺知章(659—744)[编者注:《辞海》为(659—约744)]、张旭(711 年在世)、张若虚(711 年在世),都是著名诗人,张旭还是大书法家。

㉙ 见辛文房《唐才子传》(台北:广文书局 1969 年版),卷三,页 3a;卷二,页 1a。

㉚《同储十二洛阳道中作》,见《孟浩然集》,卷四,页 13b—14a。储光羲组诗,见《全唐诗》(台北:明伦出版社,1971),卷一百三十九,第 1417 页。两位诗人的诗都与六世纪"洛阳道"诗的传统有关,见郭茂倩《乐府诗集》(台北:台北:世界书局 1961 版),卷二十三,页 5a—7b。

㉛《孟浩然集》,卷三,页 12b—13a。第二句让人想到英雄项羽(?—前 202),据说他年轻时学书不成,学剑也不成,见《史记》,卷七,第 295 页。孟浩然还有其他几首诗也用这些特征描述他自己。

㉜ 译按,里格(league),长度单位,约为三英里或三海里。

㉝《孟浩然集》,卷三,页 3a。

㉞ 如枚乘(?—前 140)《七发》,见《文选》,卷三十四,第 753—754 页。钱塘潮以及中国人对它的看法,详见 A. C. Moule 穆尔,"The Bore on the Ch'ien-t'ang River in China," *T'oung Pao* 22 (1923), 135-188。

㉟ 穆尔称自己远在十二英里外就听见了浪潮的雷鸣声,见 A. C. Moule 穆尔,"The Bore on the Ch'ien-t'ang River in China," *T'oung Pao* 22 (1923), 164。

㊱《与杭州薛司户登樟亭驿楼》,见《孟浩然集》,卷三,页 4b;《初下浙江舟中口号》,见《孟浩然集》,卷四,页 13a。

㊲《孟浩然集》,卷一,页 8a/b。

㊳《文选》,卷二十七,第 591 页。

㊴《经七里滩》，见《孟浩然集》，卷一，页 8b。谢灵运《七里滩》诗，见《文选》，卷二十六，第 579 页。

㊵《孟浩然集》，卷三，页 11a/b。广陵在长江入海处，故称“海西头”。

㊶《孟浩然集》，卷四，页 12a/b。

㊷ 我以前对这首诗的翻译和讨论，见 Kroll 柯睿 ,“The Quatrains of Meng Hao-jan,” *Monumenta Serica* 31 (1974—1975), p. 367。

㊸ 谢灵运《初去郡》，见《文选》，卷二十六，第 580—581 页。

㊹《水经注》(台北：世界书局 1962 版，卷三十九，第 492—494 页)汇集了六世纪时流传的有关庐山的著名历史和传说故事，两个世纪以后的孟浩然可能也熟悉这些故事。十一世纪陈舜俞的《庐山记》，全面记述了庐山的地理、历史、宗教和文学。陈舜俞《庐山记》，见《大正藏》(台北：新文丰出版公司，1975)，第 51 册，no. 2095。

㊺ 慧远及其弟子在庐山的活动，见 Erik Zürcher 许理和，*The Buddhist Conquest of China: The Spread and Adaptation of Buddhism in Early Medieval China* (Leiden : E. J. Brill, 1972). pp. 208-239。

㊻ 如《世说新语》《水经注》《后汉书(李贤注)》《艺文类聚》《太平御览》等。从风景游记视角来探讨慧远《庐山略记》，见小尾郊一《中国文学に现れた自然と自然观：中世文学を中心として》(东京：岩波书店，1962)，第 389、391—394 页。

㊼ 中古诗人庐山诗汇编，见陈舜俞：《庐山记》，页 2042b—2047c。

㊽《晚泊浔阳望香炉峰》，见《孟浩然集》，卷一，页 13a；《夜泊庐江闻故人在东林寺以诗寄之》，见《孟浩然集》，卷三，页 11a。

㊾《孟浩然集》，卷一，页 3a。

㊿“太虚”，指穹隆之天。见 Edward Schafer 薛爱华，*Pacing the Void: T'ang Approaches to the Stars* (Berkeley: University of California Press, 1977), pp. 29-30。

(51) 壮丽的庐山瀑布在这首诗中只一笔带过，但他年长的好友张九龄曾在两首精美的诗歌中生动细致地加以描绘：《入庐山仰望瀑布水》(《全唐诗》，卷四十七，第 573—574 页)、《湖口望庐山瀑布水》(《全唐诗》，卷四十八，第 590 页）。奇怪的是，陈舜俞《庐山记》未收张九龄这两首庐山诗。

(52)《后汉书》（中华书局 1974 版），卷八十三，第 2758—2759 页。

(53) 李肇：《国史补》（上海古籍出版社 1978 版），卷三，第 62 页。

(54)《孟浩然集》，卷二，页 9b。

(55)《洞庭湖寄阎九》，见《孟浩然集》，卷三，页 9a。

(56)《湖中旅泊寄阎九司户》：“长沙饶瘴疠，胡为苦留滞。”见《孟浩然集》，卷一，页 4a/b。

(57)《河岳英灵集》收阎防诗五首，他也只有这五首诗传世，但足见其文学才华。见《河岳英灵集》（《四部丛刊》本），卷下，页 71a—72a。孟浩然写给阎防的两首诗，见前注 54、55。

(58)《孟浩然集》，卷三，页 1a。

(59)《河岳英灵集》，卷中，页 47a。

(60) 历代评论选录，见游信利：《孟浩然集笺注》（台北：嘉新水泥公司文化基金会，1968），第 149—150 页。

(61) 这里的用词让人想到《书经·说命》的相关段落，武丁将傅说比作舟楫，英译见 James Legge 理雅各 , *The Chinese Classics*, III, 252。孟浩然另一首洞庭湖诗，也指涉了《书经》同一段落，见《洞庭湖寄阎九》（《孟浩然集》，卷三，页 9a）：“迟尔为舟楫，相将济巨川。”

(62)《淮南子注》，卷十七，第 300 页。

(63) 这样一来，诗的写作时间就会是七世纪二十年代中后期。“张丞相”也有可能是张九龄，但我认为这种可能性不大。

(64)《武陵泛舟》：“武陵川路狭，前棹入花林。莫测幽源里，仙家信几深。水回青嶂合，云度绿溪阴。坐听闲猿啸，弥清尘外心。”见《孟浩然集》，卷三，页 2b。

(65) 第七章将会谈及唐代诗人作品中常见的与桃花源有关的宗教寓意。

(66)《孟浩然集》，卷三，页 14b。

第四章　朋友交谊

在前面几章中，我们跟随孟浩然的步伐游览了他熟悉的家乡地区、他旅行时到过的远方各地，顺便也提到了他的一些朋友和熟人。现在是时候细说他与一些密友的交往了，同时这也是我们仔细探究他那些显然是交游诗的好机会，这类诗迄今为止我们只接触过一两例。

一、官员与诗友

从孟浩然的作品来看，他交游的圈子非常大，特别是当我们想到他并不是唐代官僚体系中的一员。他的部分友人名单中有开元年间的著名作家，如张九龄、包融、王维、裴迪、李白、王昌龄、崔国辅、储光羲、綦毋潜、陶翰等人。在所有这些人（张九龄是唯一例外，他比孟浩然年长11岁）眼中，孟浩然是年长的典范诗人，很受人尊重。[①]在第一章中，我们已经提到李白和陶翰对他评价很高。实际上，很难想象玄宗朝其他哪位诗人，如果和孟浩然一样既没有作为精英身份认证的官阶，也没有宗教机构的僧道支持，还能像他这样有名。当时，一个人只凭他的文学造诣就享有盛名，实属罕见。[②]

上面提到的孟氏友人，有两个人特别重要，他们是张九龄和王维。长期以来,这两个人被认为是孟浩然的特殊朋友,也是最早称赞他诗才的政府要员。③

张九龄来自南方亚热带地区,很早就受到了高官张说的关注和青睐。722年,张说拜相,提拔张九龄在中书省担任重要职位;次年,张九龄封爵"曲江男",曲江即其家乡。727年,张说罢相,不再任参知政事,张九龄也被外放到华中地区任职。不过,随着张说在731年病逝,悔恨的皇帝重召张九龄回京,在随后的6年里,张九龄的职位、权力和影响稳步提升,成为政府显要人物之一。

不过,张九龄首先是一个文人。他的诗文,特别是诗歌,在八世纪二十年代和八世纪三十年代备受推崇。他的诗有一种流动的、从容的优雅,以及对自然风景的关注,这也将成为很多追随他的作家的特点。的确,有论者认为,张九龄在推动七世纪末陈子昂倡导的诗歌"革新"运动、使之发展壮大时所起的作用,比他那代任何作家都更重要。④玄宗本人对张九龄的作品赞不绝口,有一次称他为"文场之元帅"⑤,这个军事比喻很好说明了张九龄对当时很多年轻人的影响。

张九龄的举荐帮助了一些学者官员的仕途晋升,比如王维和包融。但是很奇怪,可能也发人深省的是,直到737年夏,张九龄被罢免京城要职,贬任荆州大都督府长史(华中荆州地区的首席行政长官),他才终于招揽孟浩然在自己幕府中任职。有人推测说,张九龄在朝期间,孟浩然行为率直、科举落第[补注七]可能让他觉得举荐孟浩然为官会令他困窘。现在,虽然孟浩然被召为"从事",即张九龄的助理,但他的主要职责似乎只是充当志趣相投的伙伴、随时能动笔为文的诗客。

孟浩然官阶很低,唐代官员品级共三十级,他排在倒数第二。但这是他生平第一次也是唯一一次穿上唐王朝的华丽官服。根据职级,他有权穿青蓝袍,束上有九种铜饰的腰带。⑥只不过,这种兴奋没持续多长时间,因为孟浩然不到一年就辞去了这个职位,那是738年夏。

有六首孟诗作于737年冬和738年初春,当时诗人跟随张九龄视察湖北中部和南部。这些诗都很克制,也很正式,似乎主要是为了恭维张九龄,同时也文雅地展示诗人自身的博学:它们是为受过古典教育的行家准备的温文尔雅的"甜点"。我们还记得,《旧唐书·孟浩然传》称张九龄署孟浩然为从事后,孟"与之唱和"。⑦事实上,我们可以找到他们二人视察途中的几组唱和诗。下面两首诗就是这类唱和诗的很好例子,写于738年立春(立春,农历春季的开始,公历一月下旬)。先来看张九龄之作:

立春日晨起对积雪

忽对林亭雪,瑶花处处开。
今年迎气始,昨夜伴春回。
玉润窗前竹,花繁院里梅。
东郊斋祭所,应见五神来。⑧

处处绽放的"瑶花"和"润"(润,意为"因水分而有光泽")竹之"玉",无疑隐喻积雪。第三句中的"气",指充满活力的新春气息。梅花一般是早春最早开花的花木,诗歌常常写梅花在雪中绽放。最后一句中的"五神"指"五行"之神,它们按照恰当的顺序排列,迎接新一年的循环。

孟浩然的唱和之作与张九龄诗押同一个韵(中古音 -aai),并对张诗的措辞和形象做出回应或有所强化,但孟诗不是张诗的简单变体,它还是对这位高官的恭维赞美:

和张丞相春朝对雪

迎气当春立,承恩喜雪来。
润从河汉下,花逼艳阳开。
不睹丰年瑞,安知燮理才。
散盐如可拟,愿糁和羹梅。⑨

在孟诗中,新春第一天的大雪是来年丰收的吉兆,这一吉祥的"瑞"被视为上天对张九龄之"才"的回应(张九龄原为丞相,职在"燮理"⑩)。"河汉"即银河,在夜晚,水分丰润("润")的大雪从天而降,因新春阳气而"被迫"("逼")盛开的当然是梅花。尾联妙用比喻和典故:就像谢朗(四世纪末)把白雪比作"撒盐"一样,⑪诗人欢喜地把雪落梅花比作撒盐于梅羹。如果我们联想到(张九龄肯定也会想到)《书经·说命下》的相关段落时,孟诗就更有意味了。商王武丁请求宰相傅说辅佐自己时说道:"尔惟训于朕志,若作酒醴,尔惟曲糵;若作和羹,尔惟盐梅。"("我现在就依仗你训导我,使我具有远大的志向,如果我要酿造酒醴,你就是曲和糵;如果我要调制羹汤,你就是盐和梅。")⑫因此,结合孟诗上下文,我们可以看到他对张九龄的赞美含蓄而优雅：如同调制羹汤应盐、梅并用（就像雪落梅花一样），张九龄的不可或缺的意见也应被皇帝接受。皇帝把这个当代傅说逐出宫廷，显然是个错误。

这两首唱和诗，或许能看出两人相伴时文学消遣和社交娱乐的一面。但就算这类唱和诗原本就有游戏因素在内，我们也不会弄错孟诗的恭敬语气。他陪伴这位显贵朋友时所写的诗歌，全都是这种语气。

颇让人意外的是，存世孟诗中，只有一首是写给王维的，毕竟王维是中国诗歌史上常与他联系在一起的著名诗人和画家。王维比孟浩然小12岁，721年状元及第时才年仅20岁。王维写给孟浩然的诗歌有两首：一首是悲痛的绝句，作于740年孟浩然去世后不久，当时王维正从长安南下监考科举，途经襄阳；⑬一首谈简朴生活，有说教意味，大概作于孟浩然失意离京时：

送孟六归襄阳

> 杜门不复出，久与世情疏。
> 以此为良策，劝君归旧庐。
> 醉歌田舍酒，笑读古人书。
> 好是一生事，无劳献子虚。⑭

"子虚"即司马相如（前179—前117）[编者注：《辞海》为（约前179—前118）]的《子虚赋》，据说这篇赋引起武帝的注意，才召司马相如入宫。王维诗试图劝慰孟浩然：士人闲居也自有好处,甚至可能更快乐。

孟浩然写给王维的长诗,似乎是对王维这首诗的回应:

留别王维

寂寂竟何待,朝朝空自归。
欲寻芳草去,惜与故人违。
当路谁相假,知音世所稀。
祇应守寂寞,还掩故园扉。⑮

这首诗听起来很像孟浩然滞留长安后期时的典型作品。为抚慰伤痛而"寻芳草",即追寻纯洁、自然之美的道路(这里的"芳草",也可能指道教的神奇仙草),在平静安宁中放松身心,也无法完全缓解诗人受"当路"高官冷落的伤痛。王维却是世间少有的"知音"。"知音"指完美的听众钟子期懂得俞伯牙琴声的微妙之处;⑯尽管用这个词形容真正理解自己的人在唐诗中已是陈词滥调,但用在这里似乎格外贴切,因为王维的第一个官职就是太乐丞,他的音乐专长为人广泛认可。⑰尾联平静而斩钉截铁,不禁让人想到王维诗喜欢的那种结尾——因此,这是一种贴合场景的文字留念,用来纪念两位诗人之间的纽带。

和王维一样,李白也比孟浩然小12岁。日本学者铃木修次指出,李白常常化用孟诗,他写给孟浩然的诗也惯常采用后者的声音。⑱李白写给孟浩然的诗共三首:一是前面引过的《赠孟浩然》;二是长诗《春日归山寄孟浩然》,⑲这是一篇有吸引力的作品,但诗本身并没有涉及孟浩然的具体情况;三是下面这首著名的七言绝句《黄鹤楼送孟浩然之广陵》，李白在武昌黄鹤楼送别孟浩然顺长江前往扬州：

> 故人西辞黄鹤楼，烟花三月下扬州。
> 孤帆远影碧空尽，唯见长江天际流。⑳

不过，很奇怪，今存孟诗中没有写给后辈李白的诗歌，尽管八世纪二十年代末期李白在文坛上已经声名鹊起。

王昌龄的情况则正好相反：孟浩然有四首诗赠与或涉及王昌龄，王昌龄却没有一首诗与孟浩然有关。王昌龄727年登进士第，是八世纪三十年代和八世纪四十年代最受关注的作家之一，《河岳英灵集》给他的篇幅多于其他任何诗人。㉑我们知道，738年他坐事流放岭南（具体原因不详），途中停留襄阳，拜访孟浩然。㉒739年遇大赦后，在740年北回途中又再次拜访孟浩然；据王士源《序》，这次拜访让孟浩然非常高兴，此后不久孟浩然就去世了。

早前，孟浩然求官无望离开京城时，王昌龄任秘书省（皇家图书馆）校书郎。孟浩然离开"关内"（关内，常代指长安地区）时写给王昌龄的诗，是一首精彩的"情绪"诗：

初出关旅亭夜坐怀王大校书

> 向夕槐烟起，葱茏池馆曛。
> 客中无偶坐，关外惜离群。
> 烛至萤光灭，荷枯雨滴闻。
> 永怀蓬阁友，寂寞滞扬云。㉓

第一句奠定的情绪在整首诗中延续并强化。注意看诗歌是如何累积忧郁之情的，这一点部分要归因于前四句和后四句以递进的方式安排形象，后四句从而微妙地把前四句的情绪翻了一倍。第一句的光线意象（暮霭笼罩槐林），延伸到了第五句（夜晚的烛光盖过了萤光）；第二句的草木和水的意象（葱茏的植被和旁边的池馆），在第六句再次出现（荷枯与雨滴）；第三句独孤无友的场景，与第七句诗人独自思念远方的朋友相呼应（"蓬阁"是秘书省的代称，即王昌龄任校书郎之地）；第四句对自己离群独处的表达（注意地理名称"关外"中的"外"字所具有的鲜活的象征力量），在第八句中得到强化，诗人自比为同样有离"群"之感的老年扬雄。这种形象群隔空翻倍的手法，对诗歌悲伤情绪的渐次累积起到了重要的作用。[24]

最后一句中的"扬云"，即著名作家扬雄（前53—18），字子云。孟浩然是失意（"滞"）的扬雄，怀才不遇。[25]另外，"寂寞"（中古音 dzek-mak）这个唐诗惯用语，用在这里让人联想到扬雄自杀未遂的故事。当时，篡位者王莽遣人来抓捕扬雄，扬雄正在天禄阁办公，就从阁上跳了下来。据说当时整个京师评论说："惟寂惟寞，自投于阁。"[26]当然，孟浩然这里没有暗示任何自杀的意图，但惯用语"寂寞"在这个用典语境中或可读出比常见的孤立、徒劳更多的意味来。用这种手法，一个细心的作家就能迫使一个惯用语焕然一新，恢复一些其原有的语义效力。可以想见，王昌龄（以及当时其他诗人）也会很快察觉孟诗中的这些细微卓越之处，而正是这种不动声色的艺术手法，让我们的诗人赢得了极大声誉。

由于本小节的目的不是罗列孟浩然当时结识的所有官员和诗人，而只是侧重于与他关系密切的朋友，以及他为之写过佳作的人，这样一来，我们就可以提到一位崔姓县令（县令，唐时称"明府"）了。崔县令之所以值得我们稍加关注，是因为我们的诗人在他府中宴会上写了两首诗赞美崔家迷人的年轻女伎，她们用有教养的唱歌、跳舞和陪伴给诗人提供娱乐。下面这首排律，至少可以说明诗人不是厌女之人：

宴崔明府宅夜观妓

画堂观妙妓，长夜正留宾。
烛吐莲花艳，妆成桃李春。
髻鬟低舞席，衫袖掩歌唇。
汗湿偏宜粉，罗轻讵着身。
调移筝柱促，欢会酒杯频。
傥使曹王见，应嫌洛浦神。㉗

孟浩然认为这些迷人的艺伎能让三世纪初曹植（192—232）赋中塑造的洛水女神的不朽形象相形见绌。㉘诗中细腻的情色描写（尤其是中间四句）可能会让那些认同孟浩然乃自然山水隐逸诗人这一标准简单化描述的人感到惊讶，但我相信本书的读者不会：我们在孟浩然身上看到的这个诗人，比传统中国文学史家通常选择承认的那个诗人有更多面向。

实际上，女伎诗在六朝末年很常见，尤其是在梁（502—556）、陈（557—589）两朝的精雅宫廷。这一诗歌主题延续到了隋和唐初（其实贯穿了整个唐代），孟诗在这个主题传统中也有一席之地。但如果翻检十世纪诗文集《文苑英华》所收的相关主题诗歌，㉙孟浩然的措辞显然很少借鉴前人。以"桃李"比喻青春绽放的女性美，到我们诗人的时代已经成了惯例；而稍早的骆宾王（约640—684）写一位洛阳美人的诗，则以下面这联作结：

寄言曹子建，个是洛川神。㉚

（不过，我们注意到，孟浩然比骆宾王更进一步，不但把崔府艺伎与洛神相提并论，这些艺伎还能让曹植"嫌"洛神不够好。）但除此之外，孟浩然整首诗的遣词造句全出己手，表达他自己对这些女子快乐可爱的欣赏。

我们不能不提诗人与杜甫的关系就结束本小节，杜甫大概是所有唐代诗人中最杰出的一位。实际上，关于孟浩然和杜甫，可以说的很少。杜甫比我们的诗人小23岁，属于下一代人，虽然孟浩然在740年去世前见过杜甫是可能的，但没有任何文献暗示这一点。杜甫有两首诗盛赞孟诗，明显是追悼口吻，㉛孟诗也从未提到过杜甫。为避免有人觉得这两位诗人有密切的地缘关系，这里还应该指出，把襄阳称为杜甫故乡的传统说法是错误的。㉜

下面来看诗人真正的襄阳熟人，他们中间有诗人最亲密的朋友。

二、襄阳同乡

第二章我们已经提到了"白云先生"王迥，这位超凡脱俗的隐士，隐居鹿门山的时间比我们的诗人早，孟诗提过他很多次。在诗人的襄阳本地好友中，值得注意的还有张明府，有时也称为张郎中，常被误认为诗人的毕生挚友张子容，但其实很可能是张柬之的孙子张愿。张柬之是出身襄阳的丞相，推翻武周政权的首倡者之一。㉝孟浩然写给张明府/张郎中的11首诗，绝大部分是在张的乡下居所参加社交聚会时写的节庆诗，这些作品没有特出之处，这里就不讨论了。同样不用展开讨论的，还有孟浩然写给卢僎、裴朏或独孤册㉞的诗，王士源《序》称他们三人是诗人的密友，在不同的时间于襄阳担任官职。

这里我们重点来看诗人写给张子容的诗。尽管张子容做过官，是整个唐朝襄阳出身的六个进士之一，㉟但现在人们之所以记得他的名字，只因为他是孟浩然的挚友。前面我们评论过诗人拜访友人白马山隐居地的一首早期诗作《寻白鹤岩张子容隐居》。712年，张子容离开隐居地，赴京赶考，第二年进士及第。下面这首诗，就是诗人送别朋友出山时写的：

送张子容赴举

夕曛山照灭，送客出柴门。
惆怅野中别，殷勤醉后言。
茂林余偃息，乔木尔飞翻。
无使谷风诮，须令友道存。㊱

第五句直接借用潘岳（？—约300）[编者注：《辞海》为（247—300）]歌颂宁静生活的《秋兴赋》中的名言："仆野人也，偃息不过茅屋茂林之下。"㊲在这里，孟浩然说自己过的正是这种生活。第六句与第五句对仗，衬托张子容志向远大："飞翻"上"乔木"，比喻世俗成功，这里指科举及第。第六句还和以前的诗有某种关联，因为对受过古典教育的读者来说，"乔木"会让人想到《诗经·伐木》（毛诗，165）："出自幽谷，迁于乔木。"该诗一般被读为友谊颂歌，对它的隐约记忆十分切合孟诗的主题。孟诗结尾再次用《诗经》典："谷风"指《诗经·谷风》（毛诗，201），该诗哀叹诗人的伙伴在境遇改善后就忘记了以前的同伴，曾经亲密的友谊破裂了，被遗忘了。一旦用这种方式冷眼解释，孟浩然以提醒的态度援引这首古诗就似乎有点令人不齿了（"苟富贵，无相忘"）。但在孟诗本身所创造的世界里，情感是柔和的，充满了关切。还请注意看这些典故（"茂林""乔木""谷风"）所呈现的自然山水的文字形象是如何与开篇营造的场景融合无间的。这种看似毫不费力的技巧，即拈出适当典故、准确用于眼前场景，是大多数中古中国即兴诗的特点；这提醒我们，尽管我们的英译经常显得简单质朴，那不过是虚假的幻觉，这些诗是受过教育的，确切说是博学的精英的作品。

多年以后，诗人泛舟越地江河时，张子容出任浙江沿海乐城县尉（又称"少府"），两个朋友在新年之际相遇。中间近二十年他们是否见过面，我们不得而知，但显然，两个襄阳同乡很高兴在离家这么远的地方再次相逢。两人都留下了几首诗以纪念这次快乐的相会。下面各引一首他们的除夕诗，先来看张子容的诗作：

除夜乐城逢孟浩然

远客襄阳郡，来过海岸家。
樽开柏叶酒，灯发九枝花。
妙曲逢卢女，高才得孟嘉。
东山行乐意，非是竞繁华。㊳

这是一首匠气之作，它让我们看到张子容是合格的诗人，但并无真正特出之处。诗中有几处地方需要略作解释。浸泡了柏叶的酒据说能辟邪，饮者能获得柏树著名的常青能力；这是贺新年时的常用酒水。第四句中的"灯"是一种枝状大烛台，托住九支蜡烛及其开"花"的火焰。"卢女"是三世纪初魏国宫中的一位著名鼓琴者；我们知道张子容有一位女伎在这个夜晚侍宴，被比作历史上那位秀丽的琴师。孟浩然被比作"孟嘉"，他是桓温的参军，为人正直和顺，后来在四世纪中叶坚决归隐。（在另一首诗中，张子容高兴地把孟浩然比作习凿齿，四世纪中叶著名的襄阳地方史学家。㊴）虽然这个除夕夜奢华而快乐，但张子容表示自己不想在官场上"竞繁华"，他想像谢安（320—385）那样，在浙江"东山"过与世隔绝的生活。在最后两句，我们会感受到诗人声音中有一种近乎抱歉的语气，因为他身陷的这种忙乱日常，正是逍遥自在的襄阳客刻意避免的。

孟浩然的和诗题为《岁除夜会乐城张少府宅》，补充描写了这个重逢欢饮的场景：

岁除夜会乐城张少府宅

畴昔通家好,相知无间然。
续明催画烛,守岁接长筵。
旧曲梅花唱,新正柏酒传。
客行随处乐,不见度年年。⑩

在表达长久友谊的首联和尾联之间,我们看到的是八世纪文士家中典型的除夕庆祝活动的紧凑画面。"守岁"是整夜不眠,等待新年天明。㊶前面我们已经说过,一年中最早开花的是梅花,这里,诗人和他的朋友欣赏着乐府旧曲《梅花唱》(大概正是张子容诗中那位"卢女"演唱的)。㊷"柏酒"的年节性前面已经谈到;"新正"是农历新年正月的正式名称。

这里,多说几句孟浩然熟悉的那个时代过新年的习俗和乐事,应该不会离题太远。除柏叶酒外,贺新年的传统酒水还有椒酒。据说椒是玉衡星(北斗七星第五星)的精华,服之令人身轻飘浮,好像星际行者一样。椒酒和柏酒全家人都要饮,饮酒顺序以年少者为先。㊸新年时还要饮桃汤,因为桃以辟邪著称。㊹至于食物,突出的是麦芽或谷芽熬制的"咬牙饧",以及由葱、蒜、韭菜、芸薹、香菜五种能促进五脏活力的蔬菜混合而成的"五辛盘"(这种组合对嗅觉和味觉的刺激作用,完全可以想见)。㊺

张子容的新年诗《乐城岁日赠孟浩然》还提到了另外两种有趣习俗:

插桃销瘴疠,移竹近阶墀。㊻

在家宅正门，一般会放置桃木板（桃符），上面刻有两位传说中的守护者神荼、郁垒之像，或画两只公鸡。㊼这些守门的桃木也被称为“仙木”，㊽因为如七世纪初学者所言，桃者，“五行之精，厌伏邪气，制百鬼也”。㊾这也解释了新年为什么要饮桃汤：能强身健体，抵御邪气自内攻击。张子容这联诗中提到的另一新年习俗是在庭院中点燃竹子，听其喧闹之声。爆竹是烟花的前身，其爆炸声响除娱乐观者外，还能驱走山鬼瘟神。㊿张子容诗接着写道：

半是吴风俗，仍为楚岁时。

遗憾的是，新春佳节和孟浩然的来访最终都有结束的那一刻。孟浩然写诗告别张子容，称自己要“归楚”，将朋友比作著名晋人张翰（258？—319），张翰思念故乡，辞去了自己担任的高官要职。(51)在诗的结尾，孟浩然问道：

何时一杯酒，重与季鹰倾？(52)

张翰字季鹰。孟浩然在家乡岘山顶上的亭中写给张子容的另一首绝句，也把老友比作张翰：

岘山亭寄晋陵张少府

岘首风湍急，云帆若鸟飞。

凭轩试一问，张翰欲来归。(53)

张翰正是在秋风吹起时不胜思乡之情的。如果我们知道这一点（张子容肯定知道），或许就能欣赏诗歌第一句是如何贴切而又不动声色地为最后一句的典故做好了铺垫。㊾

我们无法知道张子容是否有时会因为孟浩然的温和责备而恼火，责备他没有像张翰那样辞官归里，而是恋栈不去。但更有可能的是，就像诗人的很多官员朋友一样，张子容纵容并欣赏诗人的无忧无虑、无牵无挂，这种生活方式对经常劳累过度的唐代官员来说可望而不可即，但始终都很有吸引力。

三、往昔的同道

本章前引王维《送孟六归襄阳》诗提到了"笑读古人书"之乐。这句诗让人想到了《孟子》中的一段话：如果和当代最杰出的人交朋友不能令人满意，那就回头去读古人的作品，和古人交朋友。㊼任何诗人或学者，无论他生活在什么时间、什么地点，其性格的重要一面是他与过去特定作家之间建立的关联。这种不受时间影响的思想交流，往往跟诗人与同时代人的亲密关系同样重要，有时甚至更重要。例如，我们说过，孟浩然特别认同他家乡的著名隐士庞德公、诸葛亮；不过，诗人钦佩的不是这些隐士的作品，而是他们的生活方式。这里，我们简要介绍一些诗人似乎最常铭记于心的文学前辈。

和大多数唐代诗人一样，孟浩然对《文选》了如指掌。对七八世纪的诗人来说，六世纪的这部选本相当于文学圣经，深刻影响了他们对文学史和文学传统的理解。孟浩然的作品，包含了他从《文选》所知的各种诗人作品的诸多回响（其中很多在本书中已经指出）。在这些回响中，引人注目的是潘岳和谢灵运的独特低语：一方面从孟浩然表达忧思之情的特定措辞中可以听见前者，从他描写自然风景的语气中可以听见后者（这个问题留待下一章再展开讨论）。不过，这些回响相对不易察觉，它们中的大多数仍然是孟诗中未被意识到的耳语。而另一方面，诗人自己多次明确表达了对陶潜的倾倒和热爱。

陶潜诗在开元年间大受欢迎。与前几代人相比，孟浩然同时代人作品对陶潜的"桃花源"，对他离开江陵官场、怡然自得归隐田园的指涉更为常见。[56]孟浩然也不例外。他对陶潜的敬意在前引《仲夏归南园寄京邑旧游》诗的开篇四句中表现得最为明显：

> 尝读高士传，最嘉陶征君。
> 日耽田园趣，自谓羲皇人。[57]

我们记得，这首诗的结尾表达了孟浩然远离宫廷、隐居"颍阳"的心意。诗人以陶潜作为引子，显然是想与前辈诗人发生关联，这样，在退出让人沮丧的社会喧嚣时，就能从陶潜这个榜样中获得一定的支持。

孟浩然的田园诗，有时甚至还袭用了陶潜的特殊"口音"。这方面最好的例子莫过于诗人的名篇《过故人庄》：

过故人庄

> 故人具鸡黍，邀我至田家。

> 绿树村边合，青山郭外斜。
> 开筵面场圃，把酒话桑麻。
> 待到重阳日，还来就菊花。⑱

这些诗句的韵味明显让人想到陶潜的作品。如"话桑麻"，无疑有陶潜归园田居诗中与邻居农人"但道桑麻长"的兴味。⑲而九月九日重阳节，就像菊花一样，在中国文学中也与陶潜联系得特别紧密。⑳

但这首诗不是单纯的模仿之作，我们很容易就能从中辨识出孟浩然的独特诗才。比如诗歌中的两个习语，看似简单，很不起眼，实则信手拈来（或许是无意识地），借自《论语》和诗人最喜欢的经典文本《诗经》。这两个习语，一是"具鸡黍"，让人想到《论语·微子》中乡下隐士（！）为孔子门人子路置办的晚餐；一是古词"场圃"（空地，春夏为菜圃，秋冬为打谷场），最早出自长篇农事诗《诗经·七月》（毛诗，154）。同样，诗人精心选用"就"字（这里勉为其难英译为"to attend"）作为诗歌最后一句中的关键动词，被中国批评家们誉为既出人意料又极尽其妙。㉑

整首诗，既精湛地体现了孟浩然自己诗歌的用语特点，又巧为调和，添上了陶潜的坦诚口吻。就此而言，这首诗不仅是对拜访朋友田庄经历一次温暖愉快的纪念，也谦逊而热切地表达了诗人对前辈文学大师的景仰。这首诗长期以来为人所公认的过人之处，很大程度上是诗人巧妙融合这两种情感的结果。

注　释

① 卫礼贤撰写的孟浩然生平小传开篇,正确地将孟浩然称为"盛唐诗的年长者",但遗憾的是,卫氏小传的其他描述都不准确。见Richard Wilhelm 卫礼贤, *Die Chinesische Literatur* (Wildpark-Potsdam: Akademische Verlagsgesellschaft, Athenaion, 1926), p. 138。

② 和孟浩然一样,李白也是玄宗朝著名的非进士出身者(当然李白的问题不是考试落第,而是他根本就没有参加考试),但即便是李白,也不能只凭文学才华。李白宗教方面的造诣也很有名,他深度参与了茅山道教的仪式和实践。李白生活和诗歌的这一方面还需要深入研究,虽然我们已经有了一些相关讨论,如李长之:《道教徒的诗人李白及其痛苦》(香港:商务印书馆1940版),第19—43页;郭沫若:《李白与杜甫》(人民文学出版社1972版),第85—98页。

③ 见王士源:《孟浩然集序》(《四部丛刊》本),页1a;英译,见Paul Kroll柯睿,"Wang Shih-yüan's Preface to the Poems of Meng Hao-jan", *Monumenta Serica* 34(1979), 349—369。另见《新唐书》(北京:中华书局,1975),卷二百三,第5779页。

④ 见杨承祖:《张九龄年谱(附论五种)》(台湾大学文学院1964版),第146—147页。杨承祖认为张九龄的诗歌风格对孟浩然、王维、储光羲、常建(727年进士)和韦应物(737—?)有着决定性的影响。

⑤ 王仁裕:《开元天宝遗事》(《唐代丛书》本),卷一,页27a/b。

[补注七] 参见第11页,补注一。

⑥ 唐代官服等级的相关文献,见《唐会要》(《丛书集成》本),卷三十一,第565页以及随后几页。

⑦《旧唐书》(中华书局1975年版),卷一百九十下,第5050页。

⑧《全唐诗》(台北:明伦出版社1971版),卷四十八,第581页。

⑨《孟浩然集》,卷三,页16b。

⑩ "燮理",语出《书经·周官》,英译见James Legge理雅各,*The Chinese*

Classics (Hong Kong: Oxford University Press, 1960), III, 527。周代"三公"职在"燮理阴阳",故后以"燮理"代指宰相,即丞相。
⑪ 刘义庆:《世说新语》(《四部丛刊》本),上卷上,"言语",页40b;英译,见马瑞志, *Shih-shuo hsin-yü: A New Account of Tales of the World* (Minneapolis: University of Minnesota Press, 1976), p. 64。
⑫ 英译,见 James Legge 理雅各, *The Chinese Classics*, III, 260. 这里译文略有调整。
⑬ 即《哭孟浩然》:"故人不可见,汉水日东流。借问襄阳老,江山空蔡州。"见《全唐诗》,卷一百二十八,第1305页。
⑭《全唐诗》,卷一百二十六,第1273页。这首诗也系于张子容(见下)名下,见《全唐诗》,卷一百一十六,第1177页。但措辞似乎明显是王维的。
⑮《孟浩然集》,卷三,页2a。
⑯《列子》(台北:艺文印书馆,1971),卷五,页7a;英译,见 A. C. Graham 葛瑞汉, *The Book of Lieh-tzu* (London: John Murray, 1960), pp. 109-110。
⑰ 据说王维仅凭观看奏乐图,就能断定画中乐师演奏的曲名和正在演奏的节拍段落。见李肇:《国史补》(上海古籍出版社1978版),卷一,第18页。
⑱ 见铃木修次《唐代诗人论》(东京:凤出版1973版),第130—133页。
⑲《全唐诗》,卷一百七十三,第1774页。这首诗多用佛典。
⑳《全唐诗》,卷一百七十四,第1785页。这首诗早前我也译过另一个版本,收入 Wu-chi Liu 柳无忌 and Irving Yucheng Lo 罗郁正 ed., *Sunflower Splendor: Three Thousand Years of Chinese Poetry*/《葵晔集:三千年中国诗歌》(Bloomington, Ind. : Indiana University Press, 1975), pp. 101-102。
㉑《河岳英灵集》收王昌龄诗十六首,比王维还多一首。
㉒《送王昌龄之岭南》,见《孟浩然集》,卷二,页12b。
㉓《孟浩然集》,卷四,页8a。
㉔ 显然,如果按 1-5-2-6-3-7-4-8 的顺序重新排列诗行,由关联意象(correlative imagery)组成的对仗句就会立即连缀成篇,每一联都会看到围绕各自主题的意象迭代。但真这么排列的话,也会看到诗歌如何失去其生命力。
㉕ 孟浩然另有两首诗抱怨扬雄的《甘泉赋》没有被推荐入官,这两首诗分

㉕ 别是：《田园作》《孟浩然集》，卷一，页14b—15a）："谁能为扬雄，一荐甘泉赋。《题长安主人壁》（《孟浩然集》，卷一，页16b）："欲随平子去，犹未献甘泉。"也有人说，《甘泉赋》应是扬雄第一篇受皇帝青睐的作品。

㉖ 见《汉书》（中华书局1975版），卷八十七下，第3584页。扬雄伤好后被免除了罪行。

㉗《孟浩然集》，卷二，页11a。另一首为律诗，题为《崔明府宅夜观妓》，见《孟浩然集》，卷四，页6a。

㉘ 曹植《洛神赋》，见《文选》（香港：商务印书馆1973版），卷十九，第401—405页。唐诗中的洛神及其世俗化，见 Edward Schafer 薛爱华, *The Divine Woman: Dragon Ladies and Rain Maidens in T'ang Literature* (Berkeley: University of California Press, 1973), 特别参见 pp. 88-91, 132—137。

㉙《文苑英华》（中华书局1966版），卷二百一十三，页5b—12a。

㉚ 骆宾王：《天津桥上美人》，见《文苑英华》，卷二百一十三，页9b。

㉛《解闷五首》其五，见《杜诗引得》（*A Concordance to the Poems of Tu Fu*, 哈佛燕京学社引得编撰处, Cambridge, Mass.: Harvard University Press, 1940），84/14E；《解闷十二首》其六，见《杜诗引得》，478/47F。

㉜ 如 William Hung 洪业, *Tu Fu, China's Greatest Poet* (Cambridge, Mass.: Harvard University Press, 1952), p.20。

㉝ 如白润德就认为张明府或张郎中即张子容，见 Daniel Bryant 白润德，"The High T'ang Poet Meng Hao-jan: Studies in Biography and Textual History" (Unpublished Ph.D. dissertation, University of British Columbia, 1977), pp. 309-310. 但显然这个张明府或张郎中不是张子容"少府"。此前我翻译孟诗时应该指出这一点，见 Paul Kroll 柯睿，"The Quatrains of Meng Hao-jan," *Monumenta Serica* 31 (1974—1975), pp. 356, 362。这里，我还要承认，那篇文章第356页注释56有一处大错："碧溪"不是张氏别业附近的水名，而是张氏小妾的名字。

㉞ 见第二章提到的孟诗《陪独孤使君册与萧员外诚登万山亭》（《孟浩然集》，卷三，页7b），第21页。

㉟ 进士名单，见《襄阳府志》(1886年刊本)，卷二十二，页2b。
㊱《孟浩然集》，卷三，页15b。
㊲《文选》，卷十三，第267页。庾信的田园牧歌《小园赋》，也借鉴了潘岳的这一表述，见《庾子山集注》(《四部备要》本)，卷一，页9b。
㊳《全唐诗》，卷一百一十六，第1175页。
㊴ 张子容《乐城岁日赠孟浩然》："更逢习凿齿，言在汉川湄。"见《全唐诗》，卷一百一十六，第1176页。
㊵《孟浩然集》，卷三，页12b。
㊶ 见《渊鉴类函》(台北：新兴出版社1978版，卷二十，页29a) 所引三世纪末文献《风土记》。这个词也见于孟浩然另一首除夕诗《岁除夜有怀》："守岁家家应未卧，相思那得梦魂来。"见《孟浩然集》，卷四，页11b。
㊷ 现存最早的《梅花落》出自鲍照(412?—466)之手。鲍照诗以及后世拟作，见郭茂倩《乐府诗集》(台北：世界书局1961版)，卷二十四，页1a—3a。
㊸ 新年饮酒习俗，见《荆楚岁时记》(《四部备要》本)，卷一，页1a/b；《初学记》(台北：鼎文书局1976版)，第63—64页。
㊹《荆楚岁时记》，卷一，页1a/b；《初学记》，卷四，第63页。
㊺《荆楚岁时记》，卷一，页1b；《初学记》，卷四，第63页。更多相关细节，见《太平御览》(台北：商务印书馆1968版)，卷二十九，页6b—8a。
㊻《全唐诗》，卷一百一十六，第1176页。
㊼《荆楚岁时记》，卷一，页1a/b；《初学记》，卷四，第63—64页。作为门神的神荼、郁垒，及其在汉代新年习俗中被用作桃木像，见 Derk Bodde 卜德, *Festivals in Classical China: New Year and Other Annual Observances during the Han Dynasty,* 206 B.C.-A.D. 220 (Princeton: Princeton University Press, 1975), pp. 127-138。贴画鸡子，见《太平御览》，卷二十九，页7a—9a。
㊽《荆楚岁时记》，卷一，页1a；《初学记》，卷四，第63页。
㊾《荆楚岁时记》，卷一，页1b；《初学记》，卷四，第63页。

(50)《荆楚岁时记》，卷一，页 1a；《初学记》，卷四，第 63 页。

(51)《晋书》（北京：中华书局 1974 版），卷九十二，第 2384 页。

(52)《永嘉别张子容》，见《孟浩然集》，卷四，页 3b。最后一句中的“季鹰”原作“李鹰”，据《全唐诗》改。

(53)《孟浩然集》，卷四，页 13b。

(54) 这首诗及其独特声律，见 Paul Kroll 柯睿，“The Quatrains of Meng Hao-jan,” *Monumenta Serica* 31 (1974—1975), pp. 357-358。

(55)《孟子·万章下》：“以友天下之善士为未足，又尚论古之人。”

(56) 对孟浩然、王维、李白、杜甫诗中陶潜形象的简要讨论，见田口畅穗《孟浩然における陶渊明の像——最嘉陶征君》，《中国古典研究》1975 年第 20 期，第 26—28 页。

(57) 全诗见第二章，第 37 页。

(58)《孟浩然集》，卷四，页 7b。“故人”，德理文认为指王维，但没有任何依据，见 d'Hervy-Saint-Denys 德理文，*Poésies de l'époque des Thang* (Paris: Éditions Champ-Libre, 1977), p. 291。这首诗的前四句有时被错误地当作王维的绝句，如赵殿成：《王摩诘全集笺注》（台北：世界书局 1956 版），第 215 页。

(59) 陶潜《归园田居五首》（其二），见《全汉三国晋南北朝诗》（台北：艺文印书馆 1968 版），“全晋诗”，卷六，页 5a（第 605 页）。

(60) 见A. R. Davis, “The Double Ninth Festival in Chinese Poetry: A Study of Variations on a Theme,” in *Wen-lin: Studies in the Chinese Humanities*, ed. Chow Tse-tsung周策纵 (Madison: University of Wisconsin Press, 1968), pp. 47-49。

(61) 如杨慎（1488—1559）的评论，他权衡了其他好几个动词，认为它们都比不上孟浩然这个“就”字。转引自游信利：《孟浩然集笺注》（台北：嘉新水泥公司文化基金会，1968），第 258—259 页。

第五章　远离尘嚣

我们知道,孟浩然通常被文学史家归类为唐代最著名的"山水诗人"之一。我认为,像这样顺滑、简化地形容孟诗,相当于什么都没说,当然也没有任何批评价值。确实,孟诗的形象库存(就像几乎所有中古中国诗人的形象库一样)大多直接取自自然世界,他的很多作品至少包含了对自然风光的描写,但这本身并不足以把他单列出来称为"山水诗人"——不管这个随意的词组的确切含义究竟是什么。

就此而言,对我们来说,至少对我们这些自觉的批评家和读者来说,最重要的是孟浩然对自然界的独特的语言刻画,以哪种方式、在哪种程度上造就了他诗歌的过人之处。这就要求我们对他笔下展现的自然界的不同方面及其精确面貌做出比以往更为细致的研究。例如,我们可能会惊讶地发现,几乎所有以山为背景的孟诗,写的都是拜访佛寺道观(不过,描写襄阳那些熟悉的山峦的诗歌是一大例外)。因此,我们将专门留出两章篇幅(第六、第七章),围绕这些有着浓厚宗教氛围的山中风景来讨论孟诗的释道主题。而在这里,我们先集中讨论诗人对不那么崇高的自然环境和这些地区不那么超脱但却令人愉快的活动的描写。

一、"丘园一竖儒"

孟浩然显然效仿了陶潜这个好榜样,常常喜欢强调自己的田园生活。乡间生活的朴实,特别是农民的朴实,与"文明"世界的喧嚣和造作形成了鲜明对比。诗人的长诗《田园作》开篇一联便这样写道:

弊庐隔尘喧,惟先养恬素。①

这无疑会让人想到陶潜;而且,和这位前辈诗人一样,孟浩然也喜欢写邻居农人的季节性农活。前面第二章提到的孟诗《南山下与老圃期种瓜》(当时讨论这首诗的语境有所不同,第36页),就是这样的一个例子。现在我们来看另一个例子:

东陂遇雨率尔贻谢南池

田家春事起,丁壮就东陂。
殷殷雷声作,森森雨足垂。
海虹晴始见,河柳润初移。
余意在耕稼,因君问土宜。②

虽然诗的开篇和结尾都是农耕形象,但重点其实在中间两联,描写突如其来的暴雨及其可喜后果。尽管诗中人物(孟浩然,想当农夫的人)可能心中确实想的是"耕稼",但诗的作者(孟浩然,诗人)的真正兴趣在别处:那不断变化的自然景观本身。③

在另一首显系田园诗主题（采樵）的诗中，孟浩然写自己直接做农活。但同样，也请注意诗对周围场景的具体描写：

采樵作

采樵入深山，山深树重叠。
桥崩卧查拥，路险垂藤接。
日落伴将稀，山风拂薜衣。
长歌负轻策，平野望烟归。④

采樵人是八世纪诗歌相当常见的人物形象，代表与周围环境水乳交融的天真朴实的乡下人。但就这首诗而言，我疑心这个形象背后还有朱买臣的影子。朱买臣生活在前二世纪中叶，大概是古代最有名的大器晚成者，50岁以后才获得官阶名位。成名前，他以砍柴、卖柴为生。负薪行走的时候，他会高兴地吟诵经典和唱歌。⑤对后世文人，尤其是孟浩然这样早年坎坷的人来说，朱买臣成了受人欢迎的象征，人们常用他发迹前的采樵人形象来指代朴实无华、怀才不遇。孟浩然另一首诗曾将自己比作朱买臣："劳歌采樵路。"⑥上面这首《采樵作》很可能也表达了这种认同，至少是含蓄地暗示了这层意思。当然，必须强调，诗本身的直接意象并无这方面的文学联想，只描写诗人如何在乡村风光中完成简单的采樵劳作。

在更细致地讨论这些风景描写以前，最好先简单说几句孟浩然的"隐逸"。农人和樵夫，以及出场次数稍逊一筹的渔夫，这些形象在唐诗中常被用来指代山水隐逸之士，他们彻底、本能地栖居于自然世界，不关心社会的诉求，也不渴望社会的认可。这种"隐逸"，陶潜的退隐田园，以及他的文学后辈对他的表面上的仿效和在中古诗歌中的大加赞美，完全不同于佛道信徒的宗教隐遁。二者的区别很明显，但这里仍然需要加以重申，因为以往有些学者有一种奇怪的倾向，他们将孟浩然在襄阳时的隐居生活方式等同于诗人有时在佛寺诗中表达的那种清静心性，甚至还进而称他为"佛家隐士"。⑦接下来的第六章、第七章，我们再讨论孟诗揭示了什么样的宗教情感；这里，只需说孟浩然的"隐逸"就像陶潜一样没有清晰可辨的宗教基础就足够了。⑧

孟浩然似乎很喜欢把自己描绘成一个乐于归田的文人。下面这首诗就是再明显不过的一个例子，此诗为庆祝一座高楼的扩建而作（此楼大概在襄阳，但具体地址不详）。在诗中，孟浩然直截了当地责备同伴"宋太史"没能像自己那样回归俭朴生活。这是一首排律：

和宋太史北楼新亭

返耕意未遂，日夕登城隅。
谁谓山林近，坐为符竹拘。
丽谯非改作，轩槛是新图。
远水自嶓冢，长云吞具区。
愿随江燕贺，羞逐府寮趋。
欲识狂歌者，丘园一竖儒。⑨

这首诗结构严谨，措辞很学究气，切合当下场景。每四句都围绕一个独立的话题:首四句写宋太史的蒙昧处境(在诗人看来),中间四句写即将完工的亭台以及亭台上所见的风景,最后四句写诗人和诗人的"歌"。第四句中的"符竹"是官员执行公务时所用的竹制凭证。"嶓冢"是山名,在陕西境内,为汉江之源;"具区"为太湖古称,太湖在苏州以西。诗人想象,置身新亭,整个中国即可尽收眼底。诗人希望跟随江上的燕子送上祝贺,因为据《淮南子》:"大厦成而燕雀相贺。"⑩在最后一联,孟浩然以显而易见的自足态度直接明确了自己的姿态:"丘园一竖儒。"他实际上是当代的"楚狂"接舆,接舆曾唱着歌建议孔子不要卷入政务和俗事,而是回到更自然的追求。⑪

下面,是时候来细看诗人喜欢的风景和这些风景的特点了,正是这些方面使我们的诗人有别于其他所谓的"山水诗人",尤其是王维。

二、景色和视角

传统上王孟并称,被视为唐代"山水诗派"的领军人物,但在如何看待和呈现自然世界上,他们之间的差别其实相当明显。比如,留意下面这首孟诗对场景和情感的精确描写:

闲园怀苏子

林园虽少事,幽独自多违。
向夕开帘坐,庭阴叶落微。
鸟从烟封宿,萤傍水轩飞。
感念同怀子,京华去不归。⑫

下面这首诗的场景描写也是如此:

夏日辨玉法师茅斋

夏日茅斋里,无风坐亦凉。
竹林新笋概,藤架引稍长。
燕觅巢窠处,蜂来造蜜房。
物华皆可玩,花蕊四时芳。⑬

我想,没有哪个细心的读者会把这些非常典型的孟诗误认为王维诗。孟诗描画的自然世界相当具体、精确,读者看到的主要是作为前景的事物。王维则往往把具象世界描绘得较为抽象,更像是一个整体,他笔下的风景似乎大多只是一种背景。这很大程度上是因为王维喜欢用笼统的措辞来描写自然场景。比较两位诗人的用词,就可以看清他们之间的不同。

比如说山,作为统称的"山"字,王维诗用了193次,孟诗121次。这个统计数据本身并不意味着什么,但如果进一步检视两位诗人写"山"时所用字词的层次时,这种统计就显出意义来了。除"山"字外,按使用频率降序排列,王诗还用了"峰""崖""岭""岑""岳""丘""穴""峻"。这些字孟诗都用过,大多数时候比王诗使用频率更高,但他还用了王诗没有用过的字:"岫""嶂""窟""埕"。

事实上,我们可以列出一个王诗没有但孟诗有的动植物长名单。比如下面是王诗没有但孟诗有的植物:"芰""莼""艾""莓""芒""荠""筱""枳"。此外,王维眼里只有"花"和"枝",

孟浩然还注意到了"条""蒂"和"蕊"。孟诗提到的动物,不见于王诗的更多,这个名单包括"凫""鸳鸯""鹧鸪""鹅""鹧鸪""鸽""鲛""狄""蜂"。同样,王诗也没有提到"蜜"(蜂蜜),孟诗则提到了9次。

这样看来,孟浩然似乎相对更重视对场景的细致刻画。他的焦点很容易就落在大自然的独特性和多样性上。因此,孟诗描绘的自然环境大多数时候都是明显个性化的。阅读孟诗,很少让人觉得作品的场景可以互换,或者场景的特定物质环境不重要,但王维诗给人的感觉往往就是如此。这里要加一句,我这么说,不是想暗示孟浩然是更好的诗人,而是想强调两位作家呈现自然世界的方式有很大不同,如果我们不假思索地把他们的作品视为同一"诗派"的产物,对两位诗人都不公平。⑭

孟诗的另一个突出特点是他的风景平易近人。在他的诗歌场景中经常有一位意气相投的同伴,哪怕那只是诗人的一厢情愿。在下面这首诗里面,日暮时分的秋景被妥当安置在中间部分,首尾则指涉一位他想念的朋友:

秋登万山寄张五

北山白云里,隐者自怡悦。
相望始登高,心随雁飞灭。
愁因薄暮起,兴是清秋发。
时见归村人,平沙渡头歇。
天边树若荠,江畔洲如月。
何当载酒来,共醉重阳节。⑮

"张五"即书画家张湮，孟浩然曾把他比作高洁隐士庞德公。⑯这里，诗歌开篇想象朋友的隐逸之乐，首联直接化用陶弘景（456—536）的著名绝句。陶弘景是他那个时代的著名道士和学者，也是极具影响力的茅山道教的组织者，曾被南齐开国皇帝征召入朝。他拒绝出山，赋诗回应君王诏书提出的问题"山中何所有"：

山中何所有，岭上多白云。
只可自怡悦，不堪持赠君。⑰

孟诗第一句，就这样把不在场的朋友比作了陶弘景那样怡然自乐的隐士。从这里出发，作品可以有好几种写法。孟浩然把这首诗写成一篇写秋天的思念、苦乐参半的忧郁作品，调用了不少常与九九重阳节联系在一起的母题。

现在，孟诗中的自然景色深深浸染了人性的色泽。实际上，几乎每一个自然世界的形象都与人的一种具体情感息息相关（雁的飞翔和诗人的心，暮色降临和他的悲愁，秋天的"清"和他的情绪），或是有人在场（云雾笼罩的山峦与"隐者"、沙滩渡口与歇息的村民）。相比之下，传统评论家盛赞的第九、十句的精美比喻，其动人之处主要是因为在诗人描画的全景图中，"树"和"洲"分别被喻为"荠"和"月"，而"荠"和"月"也同样直接取自自然世界。这一联是全诗唯一没有公开指涉或关联人的一联，纯属自然意象，显得特别引人注目。⑱当然，诗最终还是回到深切思念友人的诗人身上，他希望能与隐居的朋友在传统佳节饮酒相伴。在尾联,孟浩然暗暗将自己比作陶潜(他的诗经常这么做):重阳节无酒可饮的陶潜,有朋友带着酒壶不期而至。[19]

我说孟诗的风景"平易近人",部分是因为他很多诗歌的社交语境。例如,描写与一个或多个熟人相会的诗歌,在孟诗中所占的比重远大于王维诗。再者,一般说来,孟诗不像王诗那样明显满足于孤独自处。孟浩然多半是一个更有激情、情绪更大起大落的诗人。下面这首诗,我们再次看到他因为身边没有朋友与他一起欣赏夏日傍晚的景色、声音和气味而伤心:

夏日南亭怀辛大

山光忽西落,池月渐东上。
散发乘夜凉,开轩卧闲敞。
荷风送香气,竹露滴清响。
欲取鸣琴弹,恨无知音赏。
感此怀故人,中宵劳梦想。[20]

有时候,特别是在别离诗中,自然山水对孟浩然来说成了他对挚友深厚情感的符号/象征宝库。这一点在下面这首《鹦鹉洲送王九游江左》诗中体现得最为生动。王九即襄阳友人王迥,号白云先生。送别的地点是鹦鹉洲,在汉阳(湖北武昌附近)上游一点的长江中:

鹦鹉洲送王九游江左

昔登江上黄鹤楼，遥爱江中鹦鹉洲。
洲势逶迤绕碧流，鸳鸯䴔鶒满沙头。

沙头日落沙碛长，金沙耀耀动飙光。
舟人牵锦缆，浣女结罗裳。
月明全见芦花白，风起遥闻杜若香。
君行采采莫相忘。㉑

黄鹤楼是武昌名楼，俯瞰长江；前面我们曾在李白的绝句《黄鹤楼送孟浩然之广陵》中遇到它（第92页）。这里，诗歌开篇一联很有趣味，诗人通过回忆他和王迥在黄鹤楼上远望鹦鹉洲的情景，将诗歌背景自然而然地聚焦在了鹦鹉洲上。接着，仿佛从空中逐渐飞向沙洲似的，诗人缩小了视野，从一开始的远望，到从空中近处俯视碧水勾勒的曲折沙洲轮廓，最后则是近景，聚焦于沙滩上的彩色水鸟。鹦鹉洲上的景色被诗人描绘得美轮美奂。我们看到毛色鲜艳的鸳鸯和䴔鶒，看到日落时分沙滩上舞动的金色微光。王迥那条船的缆绳，虽不实用却很优美，是用有彩色花纹的锦缎做成的（"锦"）；附近洗衣姑娘的衣服似乎是薄纱织成的（"罗"）。然后，当第一轮月光轻洒大地，芦花那柔和的白色映入眼帘；夜晚的微风中弥漫着杜若的甜香。正是对他们两人共同经历的这个时刻、这个地方的绚烂多彩（"采采"），诗人恳请远行的朋友不要忘记。我们知道，让人难以忘怀的自然美景，正是诗人对王迥没有明说的情感（同样也很"采采"）的有形对应和象征。

这首诗的韵律也值得注意：这是诗人仅有的两首杂言诗之一。此诗以七言为主，五言有两句。韵式也与众不同：首四句押 -ou 韵；其余各句，除第七、第九句外，押 -ang 韵。

不像包括王维在内的很多同时代人，孟浩然写景时不会大量使用色彩修饰词。这首诗出现了三个色彩词："碧"流、"金"沙、"白"芦花，在孟诗中算是色彩词用得比较多的了。就这三处而言，色彩很大程度上源于光照在物体上的情况又占了两处：沙子在夕照下现出金色，芦花只在月光下才看起来茫茫全白。实际上，整首诗诗人似乎特别关注大气的细微差别，关注光本身的明暗，而不是确切的色彩本身。

孟浩然对光的特点和效果的这种兴趣，有些读者可能会想到谢灵运的类似倾向；谢灵运是孟浩然熟悉的诗人，也很注意空气亮度的变化。②虽然孟浩然的一些最令人难忘的诗句描写日出的壮丽（如《早发渔浦潭》首联："东旭早光芒，渚禽已惊跳。"又如《彭蠡湖中望庐山》前半部分），但最值得注意的还是他写夕照的诗行。"夕阳"是孟浩然最喜欢的词之一，共出现过 11 次，总能生动描画出一天中的最后光辉。相比之下，"夕阳"在王维诗中只出现过 3 次，在杜甫诗中只出现过 2 次，而杜诗数量是孟诗的五倍。（"夕阳"在整部《文选》中也只出现过 2 次。）当然，还有很多其他表达方式，如"日夕""（日）暮""日落"也可以用来表示一天中的这一时段（实际上，这些表述首先是时间标记），但它们的视觉形象都不像"夕阳"那样突出。孟浩然使用其他这些表述的频率都比不上"夕阳":他更愿意强调夕阳摇曳闪烁的微光,而不是用来标示时间。(另一方面,王维更喜欢"暮"[43 次]和"日落"[17 次])。

用词和风格上的这种偏好,可以告诉我们很多孟浩然感知自然世界的惯有的独特方式。另外,我们也应该记住,由于公认的传统和文学前辈的影响,诗人有时也更倾向于某些特定视角。我们来看下面这首精美的咏橘五言诗:

庭橘

> 明发览群物,万木何阴森。
> 凝霜渐渐水,庭橘似悬金。
> 女伴争攀摘,摘窥碍叶深。
> 并生怜共蒂,相示感同心。
> 骨刺红罗被,香粘翠羽簪。
> 擎来玉盘里,全胜在幽林。㉓

孟浩然不是第一个写这种水果的诗人,也不是第一个用这种方式写它的诗人。诗人之前的数百年间,橘一直是诗颂的题材。唐前最著名的橘颂作品(或作品片段),收录在便于翻检的初唐类书《艺文类聚》㉔和《初学记》㉕中。其中,著名的橘"赋"作者有曹植(192—232)、潘岳(247—300)、谢惠连(397—433)、吴均(469—520),橘"诗"作者有张华(232—300)、范云(451—503)、虞羲(?—约510)、沈约(441—512)[编者注:《辞海》为(441—513)]、徐摛(473—550)[编者注:《辞海》为(474—

551）]、萧纲（503—551）、李元操（约560年在世），此外还有古代《楚辞》中的原型橘"颂"。

就像当时的所有诗人一样，孟浩然熟知这些类书的内容，加上《文选》，它们是八世纪诗人接受的文学训练和传统储备的重要组成部分。早前的六朝诗人作品已经确立了写橘的一些标准形象：比如橘上的早霜，以及它最终被盛放于玉盘金碟，都是这些作品的常规母题。㉕孟浩然写橘，也很难不涉及这些母题。他这首《庭橘》诗的第四句"庭橘似悬金"光彩夺目，但读者可能会既惊讶又失望，因为这里几乎可说是对李元操咏橘诗的逐字模仿："朱实似悬金。"不过，孟诗的典型做法是一句只写一种颜色（"金"），不像李元操那样写了两种（"朱"和"金"），从而营造出色彩不那么斑斓但焦点更为集中的画面。虽说孟诗中的橘子最终也难免被盛放在美食家的盘子里（"擎来玉盘里"），但比起前辈作家来，他笔下这些橘子在其自然背景中要生动鲜活得多。读了孟诗，人们会满意地意识到橘子是一种花果，而不只是前辈作家笔下常见的那种摆设。关于这一点，值得一提的是，《庭橘》留给我们的最后一个形象不是橘子作为装饰性的水果，随时准备满足人的味觉，而是它们原来生长的"幽林"。这些笔法与传统影响无关。就算是在这类作品中——在那里有控制地、别出心裁地改变习见主题是真正诗人的标志——我们也不可能弄错孟浩然的独特声音。

所有孟诗都能让人强烈感受到诗人的个性。读者知道有一种与众不同的意识在塑造形象，准确呈现这个场景，只侧重这个题材，只安顿好这个字。孟诗给人的印象，很少像李白有些诗那样，近乎不由自主的倾泻，一气呵成。㉗也不像典型的王维诗那样，克制反省，看不出明显的情感和热情。因此，孟诗中的自然世界，与其说是被反映出来的，不如说是被感知到的，是被一种特有的意识感知并解释的。确实，感知（听觉、嗅觉和视觉感知）动词在孟诗中非常突出。呈现在读者面前的不只是场景或事物本身，通常还有诗人的感知活动。这一点在下面这首《春晓》中体现得淋漓尽致，这是一首著名绝句，大概是孟浩然最脍炙人口的作品：

春晓

春眠不觉晓，处处闻啼鸟。
*夜来风雨声，花落知多少。*㉘

如葛瑞汉（A. C. Graham）所言，这首诗的每一句都与认知模式有关。㉙它不只是一篇写早晨很晚才醒，听到鸟儿喧闹，隐约想起前一晚的风雨，不知夜里吹落了多少春花的抒情小品（虽然首先是抒情小品）；它还是一幅人类小像，我们只能肤浅地、不确定地感知这个世界的运行方式。我们对自己存在和消逝的了解，跟我们对落花的了解一样多，也一样少。

不难看出诗歌的佛教意味，提醒人们生命的盲目和短暂，有必要充分意识到自己的真实境况。不过，这些都只是诗歌字里行间的微弱变调，诗人没有直接说出口。但是，它们不应被忽视。

然而，要想准确谈论孟诗中佛教元素的重要性，我们就必须细致讨论孟诗的"宗教"词汇问题，尤其是他在写自然风景的诗中对这些词汇的使用。下面我们就转向这个话题。

注 释

① 《孟浩然集》(《四部丛刊》本),卷一,页 14b。
② 《孟浩然集》,卷三,页 11b。
③ 参见萧继宗:《孟浩然诗说》(台北:商务印书馆 1969 版),第 109 页。
④ 《孟浩然集》,卷一,页 15b。
⑤ 《汉书》(中华书局 1975 版),卷六十四上,第 2791 页。
⑥ 《田园作》,见《孟浩然集》,卷一,页 15a。
⑦ 如卫礼贤说:"他在那里(鹿门山)过着隐士生活,虔诚信仰佛教。"见 Richard Wilhelm 卫礼贤, *Die Chinesische Literatur* (Wildpark-Potsdam: Akademische Verlagsgesellschaft, Athenaion, 1926), p. 138。卫礼贤的这种说法似乎对 Ambrose Rust 对孟浩然"宗教思想"的幼稚讨论影响很大,见 Ambrose Rust, *Meng Hao-jan* (691—740), *Sein Leben und religiöses Denken nach seinen Gedichten* (Ingenbohl: Theodosius-Buchdruckerei, 1960)。
⑧ 陈贻焮将孟浩然的隐逸分为前后两个时期,不同时期有不同特点:前期自愿归隐,同时准备读书应举,基于远大的政治抱负;后期,科举落第后,则是别无选择的"真"隐。见陈贻焮《谈孟浩然的隐逸》,《唐诗研究论文集》(人民文学出版社,1959 版),第 46—52 页。
⑨ 《孟浩然集》,卷二,页 7a/b。
⑩ 高诱:《淮南子注》(台北:世界书局 1962 版),卷十七,第 295 页。
⑪ 《论语·微子》:"楚狂接舆歌而过孔子曰:'凤兮凤兮,何德之衰!'"
⑫ 《孟浩然集》,卷三,页 2a。
⑬ 《孟浩然集》,卷三,页 5b—6a。
⑭ 铃木修次的建议很有意思,他建议我们把孟诗比作莫奈(Claude Monet)等印象派画作,王维诗则更接近于塞尚(Paul Cezanne)等人的后印象派画作,特点是"结构化、理念化和抽象化"。见铃木修次《唐代诗人论》(东京:凤出版 1973),第 125 页。
⑮ 《孟浩然集》,卷一,页 5a/b。

⑯ 见第二章,第 46 页。
⑰ 陶弘景《诏问山中何所有赋诗以答》,见《全汉三国晋南北朝诗》(台北:艺文印书馆 1968 版),"全梁诗",卷十一,页 12b(第 1488 页)。这首诗也让人想到李白的著名绝句《山中问答》:"问余何意栖碧山,笑而不答心自闲。桃花流水窅然去,别有天地非人间。"见《全唐诗》(台北:明伦出版社 1971 版),卷一百七十八,第 1813 页。注意,和陶弘景不同,李白拒绝直接回答问题。
⑱ 这种手法也见于其他孟诗,如律诗《广陵别薛八》著名的第三联:"樯出江中树,波连海上山。"诗歌其余部分则描写离别之悲。见《孟浩然集》,卷四,页 5a。
⑲《宋书》(中华书局 1974 版),卷九十三,第 2288 页。
⑳《孟浩然集》,卷一,页 12a。
㉑《孟浩然集》,卷二,页 1b—2a。
㉒ 铃木修次:《唐代诗人论》,第 108 页。
㉓《孟浩然集》,卷一,页 17a。
㉔《艺文类聚》(台北:文光出版社 1974 版),卷八十六,第 1476—1478 页。
㉕《初学记》(台北:鼎文书局 1976 版),卷二十六,第 680—681 页。
㉖ 如孟浩然《疾愈过龙泉寺精舍呈易业二上人》提到了"霜橘",虽然已是傍晚时分:"金子耀霜橘。"见《孟浩然集》,卷一,页 4a。
㉗ 当然,李白的作品也是精心制作的产物,虽说看似不费吹灰之力。相关精彩讨论,见 Elling O. Eide 艾龙,"On Li Po," *in Perspectives on the T'ang*, ed. Arthur Wright 芮沃寿 and Denis Twitchett 杜希德 (New Haven: Yale University Press, 1973), pp.367-404。
㉘《孟浩然集》,卷四,页 12b。这里的翻译可以取代我以前的译文,见 Paul Kroll 柯睿,"The Quatrains of Meng Hao-jan," *Monumenta Serica* 31 (1974-1975), p. 368。
㉙ A. C. Graham 葛瑞汉,"Review of Wai-lim Yip, *Chinese Poetry: Major Modes and Genres* (Berkeley, 1976)", in *Bulletin of the School of Oriental and African Studies,* 40.3 (1977), p. 647。

第六章　法界

到唐代,一世纪传入中国的外来佛教信仰,已被朝野普遍接受,成了中国文化的一部分。到八世纪,这一长期的接受和同化过程实际上促进了中国特色佛教形式的发展,特别是天台宗、华严宗、净土宗和禅宗。一方面,这些佛教教派以及其他教派的命运在某种程度上与变幻莫测的皇室喜好和国家政治有关。①但除武则天外(有充分的文献证据表明武则天利用佛教支持她篡夺帝位②),还没有哪一位唐代帝王像不少五六世纪的君王那样狂热地支持佛教寺院。另一方面,重要的是,我们要知道,这时的佛教信仰已是中国文化的组成部分,在全国各地根深蒂固,其生命力不像过去那样仰仗皇室的扶植;当然,不用说,皇室的大力扶持总是让人垂涎的,尤其是对京城附近的僧人和教派来说。

唐初帝王自称老子后裔③,宗教事务上偏爱道教胜于佛教。这种倾向在627年正式进入立法,太宗下诏明确规定各种宗教仪式上道士女冠排在佛教僧尼之前。④但自称转轮王和弥勒佛转世的武则天,在691年颠倒了两教排序,⑤并像她此前几年那样,继续扶持佛教信仰。⑥不过,到了玄宗即位,他和他的谋臣认为重要的是遏制佛寺近年来的扩张势头,因此发出信号他在位期间将会回归王朝开国者旧日的好规矩。于是,714年春,我们看到皇帝迫使12000多名僧尼还俗⁷，并禁止新建佛寺⁸。几个月后，又禁止民众造佛像、抄佛经，禁止官员阶层过于频繁、密切地与僧尼来往。⁹

不过，玄宗的这些诏令，有些并没有被严格或长期执行，其意义更在于象征性地否定偏爱佛教的武则天的统治，而不是想表明新政权特别敌视佛教本身。比如714年禁止与僧人密切往来的那条诏令，同时也禁止与道士的不正当交往。同样重要的是，约略同时，玄宗还颁布法令称僧道在宫中地位完全平等，⁰佛教徒的地位并没有被贬在道教徒之下。概括而言，玄宗在位初期，他最关心的似乎是塑造一个正直、谦恭的儒家君王形象，证明自己在道德上适合统治，这部分解释了他在位第一个十年间展现出来的阵发性的狂热清教主义。我们知道，玄宗后来对道教产生了浓厚兴趣。但总的来说，在开元年间，儒、释、道三家在宫中的声望大致相当。⑪

就此而言，有意思的是，在735年玄宗生日的庆典上，一些儒士、僧人和道士被召来在御前讲论三教优劣。相较于六朝时期一些君主在这样的场合趁机推尊某一教的做法，玄宗在批复张九龄撰写的讲论总结时表达了自己的感受，谨慎地强调了他对三教价值相当的评价，说它们是"会三归一"。⑫

我们需要充分理解的是——至少如果我们想把握玄宗朝生活和思想的基调的话——八世纪人对儒、释、道三教思想（往往混合在一起）的接受度是广泛包容的、健康的、充满活力的。国家最高层的皇帝，象征性地将这种普遍包容性体现在了自己身上，玄宗在自己统治的不同时期相继注释了分属儒、道、释传统的三种核心文本:《孝经》《道德经》和《金刚经》。⑬

　　玄宗在位期间是真正的宗教宽容期;⑭这时,佛教在某种形式上已成为几乎所有士人、官员以及大多数民众生活和态度重要且根深蒂固的一部分。从这个意义上看,确实可以说"到八世纪,中国实际上是一个佛教国家"⑮(但这不应意味着佛教"征服"了中国,排斥了其他信仰)。开元年间的一份统计表明,全国共有佛寺5358座,僧75524名,尼50576名。⑯唐王朝统治的前150年,在玄宗在位的44年间达到鼎盛期,这大概是中国佛教教义发展最重要的时期,因为在此期间,几大"中国"佛教教派开始崭露头角。其结果是佛教得以摆脱其作为外来信仰的残余外衣。

　　无论是教义相对复杂、知识化的天台宗和华严宗,强调简单虔信的净土宗,讲究禅定和心法的禅宗,还是只接受和欣赏佛教传达的此世的虚幻性这一基本信息,唐人都普遍接受佛教教义。无论是玄宗朝,还是唐王朝的其他任何时期,有文化的精英成员在佛教各教派的经文和戒律方面受过良好甚至完整教育的现象都绝非罕见。事实上,熟悉佛教思想更多被默认为成熟的学者和人文主义者的背景的一部分。这种习以为常的熟悉也体现在开元时期的诗歌中,总的说来,这一时期诗歌对佛教形象和符号/象征的使用比过去更频繁、更自然。

　　王维大概是最常被引以为证的诗人,他的作品最能体现这些特点。当然,他从中年开始虔心向佛这一点为人所熟知,⑰他的大多数山水诗通常被视为佛教静谧境界的文学体现。由于文学批评中习惯将王孟并称为唐代"山水诗人"典范,人们往往以为孟浩然在某种程度上与王维相似，也是"佛教"诗人或深受佛教影响的诗人。

现存孟诗中，最多只有25首，或者说不到其全部作品的10%，或是涉及明显的佛教主题，或是写给佛僧，或是用了明确的佛教术语。当然，这种量化不宜过度解读；一方面，是有些诗没有被统计在内，如那些虽然没有公开指涉佛教，但不可否认具有佛教意味的作品，尤其是像《春晓》那样的诗。另一方面，细究孟浩然使用的精确的佛教形象和术语，可能有助于我们避免偏印象式批评的陷阱，更好理解孟诗使用佛教元素的方式。下面，我们就来细究他一些可识别为"佛教"诗的作品。

一、一些关键的术语和倾向性

包含有明显佛教元素的孟诗，绝大多数都是写给佛僧熟人，或拜访佛寺或僧人隐修地时写的。这个事实本身就说明诗人关心如何使自己笔下的形象切合于眼前的环境，任何优秀的诗人都会这么做；但中国诗歌的评论家也许太过频繁地忽视这一点，因为他们一心想找出弥漫在诗人作品中的无形的佛教气息（或者说找出任何他们想要找到的东西）。下面这首孟诗中，具体的佛教形象虽然很少，但这些形象定下了明确无误的语调：

寻香山湛上人

朝游访名山，山远在空翠。
氛氲亘百里，日入行始至。
谷口闻钟声，林端识香气。

> 杖策寻故人，解鞍暂停骑。
> 石门殊壑险，篁径转森邃。
> 法侣欣相逢，清谈晓不寐。
> 平生慕真隐，累日探灵异。
> 野老朝入田，山僧暮归寺。
> 松泉多清响，苔壁饶古意。
> 愿言投此山，身世两相弃。[18]

诗的标题很重要，因为从一开始就发出了信号，让读者期待整首诗的佛教意味："上人"在唐代常用作僧人的尊称；关于"香山"，尽管至少有五座香山坐落在诗人游历时可能走访的地方，但这里更有可能是象征性地指称作为中国佛教圣山之一的香山（又称香醉山）。据说这座山在须弥山附近，山上住着香神和音乐神乾闼婆。诗人寻访"法侣"的过程，从第一句起，就被置于游历山水的熟悉背景中。实际上，寻访被称为"访名山"，再加上"香山"的佛教指涉，我们意识到诗人的旅程，其描写手法类似于孟浩然的很多行旅诗，应被视为前往佛教世界轴心附近的宗教之旅。就像最后一联感叹的那样，诗人希望留在那个佛教世界，抛开肉身和俗世的顾虑。正是山，这座被赋予了精神力量的山，才是诗的主导力量。

当然，香山也庇护着湛上人（"湛"这个名字的意思是"清澈"）；这位"故人"代表实现了诗人愿望的人。然而，诗对湛上人本身着墨甚少，这发人深省。我们最初只是间接知悉他的存在，通过微弱的寺庙钟声，通过他山林隐修地升起的香气。即使当诗人下马到达目的地后,被优先考虑的也不是湛上人,而是风景:"石门殊壑险,篁径转森邃。"这之后我们才见到了高僧本人,但也只有两句诗。这次寻访的实际行程结束于彻夜"清谈"。

从这里开始,在诗的最后八句,诗人很自然地转向思考这次经历的意义。但这些思考不是表现为呆板说教,而且或许让人惊讶的是,也没有使用任何独特的佛教意象。诗人企望的最高成就被表达为获得"真隐",这是孟浩然的惯常表达,在这首诗中与探寻"灵异"对仗。但这是诗人尚未实现的理想。他既不是简朴的"野老"("真隐"),也不是沉静的"山僧"(探访"灵异"者)。最后,诗人被对自然世界的感知打动,这些感知增强了他对山的纯净性的体认、对"古意"的依恋,从而引出了尾联的直接陈述。就像孟浩然很多宗教性或精神性诗歌中常见的那样,结尾表达的是对仍然不可企及的理想的渴望,而不是一个得道者的终极平静。就此而言,孟浩然的很多"佛教"诗和王维的"佛教"诗大不一样,后者似乎更多体现了一个开悟了的、不动感情的心灵的宁静。

孟诗中最常见的佛教形象是禅定。禅(中古音 zhen,日语作 zen),译自梵语 dhyāna,在孟诗中出现了 9 次,如"坐禅""禅林""禅院""禅房"。禅修一直是中国佛教的一个特点,随着来自中亚的一些早期佛教文本传入中国。[19]一些佛教教派特别重视禅修,到八世纪初,中国佛教独特的禅宗开始发展成形。[20]几个禅派相互竞争,禅宗最终将会成为中国佛教的主导形式,成为九世纪中叶"会昌灭佛"运动后唯一保持活力的唐代佛教教派。

但禅宗并未垄断禅修。中国佛教其他教派的僧人也可称为

"禅师",这种称呼方式在唐代很常见,只是表示他们常常练习和鼓励禅修法。在孟浩然写给僧人的诗歌中,很多僧人也被尊称为禅师。为避免让人生出这些僧人必定隶属禅宗某派的误会,我会把禅师这个尊称前后一致地译为"Dhyāna Master"。

孟浩然从未正式成为任何佛教门派的俗家居士。就像他那个时代的大多数文人绅士一样,他对佛法有一个大致的了解(从他的诗歌判断),而这了解看起来足以满足他的精神和文学需求。

前面说过,孟浩然最常指涉的佛教形象是禅定,特别是在诗歌开篇或开篇不久;在下面的几首孟诗里,我们都会看到他这个特点。不过,这种指涉毕竟多少有点太明显。而下面这首排律,将会带我们进入佛教世界再深入一些。标题中的"阇黎",中古音(a-)jya-lei,普通话音(ah-)she-li,为梵语 ācārya 音译,意为佛法的教师或典范:

本阇黎新亭作

八解禅林秀,三明给苑才。
地偏香界远,心净水亭开。
傍险山查立,寻幽石径回。
瑞花长自下,灵药岂须栽。
碧网交红树,清泉尽绿苔。
戏鱼闻法聚,闲鸟诵经来。
弃象玄应悟,忘言理必该。
静中何所得,吟咏也徒哉。[21]

诗的开篇直接使用佛教术语：第一句首二字"八解"，指涅槃所需的精神专注的八个阶段；对仗的第二句首二字"三明"同样也涉及佛教教义，指对过去世、未来世和斩断现在世各种烦恼的认知。[22]但诗人接下来没有用更多的专有名词，而是将佛教术语自然而然地融入风景本身，将"八解"和"三明"形象化地喻为阇黎静修地的草木生长：它们既"秀"且"才"，这两个动词在汉语中都有草木之义。[23]它们用在这里很贴切，因为"林"被描写为佛教之"禅"林，而"苑"通过"给"所蕴含的典故，被等同于释迦牟尼佛的名园"祇园"。[24]因此，阇黎的园苑是培植佛教教义的真正园苑。

诗的前十二句一直都在写阇黎亭的周围环境，偶尔用佛教物饰突出风景的特性。例如，在第七、八句，我们注意到花瓣掉落一地的"瑞花"（这个形象让人联想到佛陀的天降花朵）与无须刻意栽种的"灵药"，对仗工整。接下来的一联，即第九、十句，没有佛教意味，只有满目的色彩美（树因开花而成了"红树"，"碧网"指青绿色的萝叶交叠成网）。第十一、十二句，场景和宗教再次结合在一起，这次的结合方式是轻松且近乎嬉戏的：这里的禽鱼也被视为阇黎的信众，它们聚在一起听他讲佛法、诵佛经。佛经中不难找到动物受佛法感召的故事，但这两句的意思不必落实为某个具体寓言故事，眼前这个宗教庇护园林的特性几乎是自然而然地引发了这种联想。这样一来，整个自然界，草木禽鱼，都在这个佛教王国中有一席之地。（对我们来说，这位阇黎几乎像是佛教版的圣弗朗西斯，或更恰当地说，相当于中国版的帕多瓦的圣安东尼，他也对着鸟鱼传道。[25]）至此，诗基本上都是描述性的。最后四句，描写让位给讲述和个人评论，在"弃象"和"忘言"这两条直接律令的引领下，诗人随后意识到，他的诗终究也不能充分呈现他在这个清净地感受到的佛教静寂。

这首诗提及阇黎本人之处极少，而且是间接的。对诗人来说，最重要的是地方本身，而不是住在那里的人。下面这首孟诗也有这个特点，写的是访问一位遁世程度更深的僧人居所。诗题中的"兰若"，中古音（a-）lan-nhya，普通话音（ah-）lan-jo，译自梵语 aranya，意为"森林"，引申为林中居所：

云门寺西六七里闻符公兰若幽与薛八同往

谓余独迷方，逢子亦在野。
结交指松柏，问法寻兰若。
小溪劣容舟，怪石屡惊马。
所居最幽绝，所住皆静者。
密篠夹路傍，清泉流舍下。
上人亦何闲，尘念俱已舍。
四禅合真如，一切是虚假。
愿承甘露润，喜得蕙风洒。
依止此山门，谁能效丘也。㉖

云门山在浙江会稽一带，因峭壁与溪流之美而闻名。云门寺建于五世纪初，到孟浩然的时代已有三百多年历史，他上一代也有几位著名作家写过该寺。㉗孟浩然另外也写过一首十八句的访寺诗㉘，但就上面这首诗而言，诗人的目的地不是云门寺本身，而是符公的

"兰若"（可意译为隐修地，但一定要记住，这个词本义是指偏僻林中的寂静处），符公是居住在山间松柏幽深处的僧人。

但是，我们很少直接看到符公：他是"皆静者"，很"闲"，仿佛没有肉身，其存在状态在第十三句中用极其专门化的术语总结为"四禅合真如"。"四禅"或"四禅天"是佛家参禅入定的四种精神境界。到了第四禅——诗人暗示，符公已到了这个境界——人便超越了苦乐，与"真如"（梵语 bhūthatatathā）合一，"真如"即真实自性。㉙有了这种觉知，世上万物最终都被体认为"虚假"，完全没有终极实相。

但我们没有被留在这个无条件、无特色的层面。在最后四句，诗人的议论把我们带回身边的场景，我们听到了诗人的个人话语。他欣然接受的"甘露润"，结合语境看就是涅槃的甘露。㉚"蕙风"常指南风，即滋润万物生长的和暖南风。于是，在这里，诗人吸纳了已然圣化的自然世界的好露好风。重要的是，通过倒数第二联，我们又回到了山中兰若的物质世界。在诗人看来，这个自然世界的崇高，不亚于"真如"的禅定境界，而且可能正是"真如"的物质体现。在最后一联，诗人声称宁可"依止"在这个清净地，也不想像孔丘那样汲汲营营于日常社会。

二、佛法风景

前面说过，孟浩然的"佛教"诗大多数都是因为拜访佛寺或隐修地而作；这些诗歌不是他在自己居所的熟悉环境中的沉思冥想。在毛晋本《孟襄阳集》中，除少数几首外，其主题或题材可视为佛教诗的作品都被归入"游览"一类。从这个分类以及本章前面所引孟诗的内容来看，很显然，自然世界在孟浩然"佛教"诗中起到了显著的作用。在这一点上，孟浩然与大多数同时代诗人或初唐时期、六朝末年的诗人并无不同。到八世纪，访寺诗的传统已相当成熟，简要回顾一下这个传统，将有助于我们更好理解这个传统中的孟诗。

要了解这个诗歌传统，也许最有用的资料是十世纪的《文苑英华》，这是一部六朝和唐代文学的大型选本，全书共一千卷，其中七卷（卷二百三十三至卷二百三十九）为佛教"寺院"类。[31]细读这几卷大致按年代编选的作品，可以看出其作为一个独立且可识别的诗歌主题类别发展的一些有趣方面。或许最引人注目的是，大多数唐前"寺院"诗很少出现具体的佛教指涉或形象，大多数内容读起来只是描写山间景色。大多数唐前这类诗歌各方面都与风景诗有关，其实际内容也很难与风景诗区分开来。无休无止的寺院钟声，几乎可说是这些诗歌中唯一独特的形象。即使是在谢灵运那些被视为描写了"山水佛教"[32]的诗作和某些赋作中，也很难找到明确可辨的佛教元素——这些作品更多要归功于风景诗的发展。[33]六朝这些写佛教居所的作品，最突出的是自然而不是佛教，其所写风景与我们在那些无寺庙的山林漫游诗中所见的风景几乎没有什么不同。诗人强调的往往是自然的净化作用，而不是佛法的净化作用，也不是二者的某种结合。

到七世纪末，特别是在卢照邻（630？—685？）[编者注：《辞海》为（约637—约686）]、沈佺期（650？—713）[编者注：《辞海》为（656？—716）] 等杰出作家的诗中，我们开始在访寺诗中看到更明显的佛教指涉,更多佛教术语的使用。虽然有时候这种做法看起来还很机械,与诗歌的意象结构结合得还不够好,但也有些时候,寺院成为显眼的佛教风景的中心,用卢照邻的话来说:

隐隐香台夜,钟声彻九天。㉞

或者,用沈佺期的话来说:

潮声迎法鼓,雨气湿天香。㉟

以及:

清静得空王(空王,佛陀本身)。㊱

著名诗人宋之问(约650?—712)[编者注:《辞海》为(约656—712)],他是高僧神秀(约605?—705)[编者注:《辞海》为(约606—706)]禅师的弟子,甚至在诗中称自己夜宿寺院时听见鸟儿讲解佛法。㊲毫无疑问,这里的自然世界充满了宗教精神!

孟浩然前一代作家笔下这类诗歌的一个最好例子,是大政治家张说的下面这首诗,注意看诗歌最后一句,诗人明确将自己与山寺合为一体:

清远江峡山寺

流落经荒外，逍遥此梵宫。
云峰吐月白，石壁淡烟红。
宝塔灵仙涌，悬龛造化功。
天香涵竹气，虚呗引松风。
檐牖飞花入，廊房激水通。
猿鸣知谷静，鱼戏辨江空。
静默将何贵，惟应心境同。㊳

寺庙位于江边山峡上，宝塔像是在"涌"动，神龛被形容为"悬"，房屋和走廊似乎被下面喷溅的水花浸湿。

孟浩然的很多同时代人，也给我们留下了以同样细致、有效的方式写成的访寺诗。到玄宗朝，写作这种访寺诗的元素，似乎已被当时的优秀作家充分认识和掌握，主题方面也在诗歌中明显自成一类。这也是为什么本章前面我会说开元年间的诗人总体上在使用佛教形象和符号/象征方面比前辈作家更得心应手。这并不是说他们一定是更好或更有知识的佛教徒（尽管很多时候确实如此），而是他们懂得如何将具体的佛教符号和联想融入风景诗的传统意象，并且还以令人满意的、看似不费吹灰之力的方式做到了这一点。

这样的诗不胜枚举，但这不是我的目的。不过，可以的话，我想引用张九龄的几句诗来结束本节，这几句出自他和孟浩然途经湖北南部当阳附近著名的玉泉寺时所作的一首诗（写于737

年—738年公干途中），特别值得注意的是下面这一联：

> 上界投佛影，中天扬梵音。

暗指风景是如来（Tathagatā）本人的表征。诗的倒数第二句则再清楚不过地说明了风景、佛法的比重相持平：

> 法地自兹广。[29]

三、寺院中的自然

寺与山明显联系在一起，是典型的中国现象。[40]在唐代的寺庙诗中，写大城市信仰中心的相对较少。人们的印象是，对唐代诗人来说，亲自游访山寺与在那里享受的精神升华之间有着明确的、令人向往的关联。前面讨论的孟诗《寻香山湛上人》就是这样的一个例子。不知怎的，游访城市中更封闭的寺院，无论那寺院多么纯净和神圣，都不会有同样效果。

私人或公共的佛教居所，选址在远离城市人烦恼的风景优美之处，至少可以追溯到四世纪初。高僧支遁（314—366）年轻时，似乎是最早在山中建立圣所的释迦佛的中国信徒之一，他坚信山地可为佛教修行提供最合适的场所。像他这样在情感上将山地视为精神幸福的源泉，时间上当然晚于道教，无疑也深受道教影响。支遁肯定很清楚，就像他之前很多决绝的隐士一样，那个时代一个人在山上过完一生的概率要比在城市不稳定的、暴力频发的政治环境中大得多。[41]这里我们没有时间停下来细察六朝时期历史和文学上享有盛誉的诸多重要佛教山寺。总之，到了孟浩然生活的时代，佛教徒在山间修建寺院的做法已很常见，以至于"开山"一词常被用来比喻修建寺院。㊷

也有人认为，佛寺位于荒郊野岭，是促使六朝诗人以欣赏的态度描写野生风景的因素之一，从而促进了四世纪末五世纪初"山水诗"的兴起。㊸无论如何，可以肯定地说，到了唐代，诗人们已习惯于将佛僧及其居所置于特别偏远的地方。实际上，这种环境设置也正向强化了信徒的神圣性。例如下面这首孟浩然写明禅师的作品：

游明禅师西山兰若

西山多奇状，秀出傍前楹。
停午收彩翠，夕阳照分明。
吾师住其下，禅坐说无生。
结庐就嵌窟，剪竹通径行。
谈空对樵叟，授法与山精。
日暮方辞去，田园归冶城。㊹

这里，自然环境是禅师身上神圣光环的组成部分；他一定程度上是由庇护他的奇秀之山定义的，那里，无论正午还是晚上都萃集了自然本身的天光。他就着山洞建造了自己的居所，几乎嵌入山体内部，位于竹林深处。他与这里的风景契合得如此完美，如此自然，好像在家里一样，以至于他可以跟淳朴的樵夫讨论佛教教义，甚至向山里的精灵（"精"）传授佛法。㊺对孟浩然来说，有时候，就像这里的情况一样，隐居僻地的僧人身上同样也有传统田园隐士的一些特质。

上面这首诗中的一些形象，甚至还有一些用字，同样也见于孟浩然的另一首"寺庙"诗：

大禹寺义公禅房

义公习禅寂，结宇依空林。
户外一峰秀，阶前众壑深。
夕阳连雨足，空翠落庭阴。
看取莲花净，方知不染心。⑯

这里，禅师在其禅寂中与自然融为一体，以至于消失在了自然之中，诗在第一句以后就不再提起他了。但山谷、天光和色彩的物质世界体现了他的纯净，这种纯净的最高象征就是莲花。莲花是最常见的佛教形象之一，它出淤泥而不染，代表佛性的本质，纯净而不受世界垢秽的污染。这里顺便说一句，很有可能诗中的莲花就在诗人眼前，而不只是作为他遵从文学体统的助推物，因为白莲在唐代中国已广泛种植，特别是诗中大禹寺所在的浙江地区。⑰但孟浩然的措辞清楚表明，这里的莲花主要是用作一种象征：最后一句中的"不染心"，既指一尘不染的莲花花茎（"心"，诗歌常用来指植物茎干），还指义公禅师的质朴品质。

这首诗的结构也很有意味。明显的佛教形象被安排在第一句和最后一联，中间部分被用来描写自然景色，这就含蓄地让自然景色的意义超越了风景美本身。如果拿掉第一句和最后一联，只看构成诗歌主体的中间部分，那就只有漫无目的的描写，缺乏指向性。但如果把这个中间部分放置在开篇的"禅寂"和结尾的不染莲花之间，这些描写就生动了起来，成了"法界"本身的表征，僧人在法界中才有他的"真我"。

这种框架式结构手法简单有效，孟浩然在其"佛教"诗中常用这一手法来深化风景的意义。如下面这首排律，和上面那首诗一样，也是诗人游览风景秀丽的浙江时所作：

腊月八日于剡县石城寺礼拜[48]

石壁开金像，香山绕铁围。
下生弥勒见，回向一心归。
竹柏禅庭古，楼台世界稀。
夕岚增气色，馀照发光辉。
讲席激谈柄，泉堂施浴衣。
愿承功德水，从此濯尘机。[49]

可以说，这首诗的框架比上一首更"厚"，开篇和结尾各四句。插入中间四句的景色，暮霭映衬下的古树和不寻常的楼台轮廓，几乎可说是诗人得到"一心"的外在表现。仿佛诗人在这里享有的神圣净化的感情，经由他而传递到了他周围的现象世界。或者反过来，诗人参与的寺庙仪式令他能以新眼光来感知现象世界。

诗中描写的礼拜活动是释迦牟尼佛诞辰。在唐代，大多数佛寺会在这一天抬着佛像进行仪式性游行(第一句中的"金像"就是这样的一尊佛像),并给佛像进行仪式性洗浴(第十句中的"浴衣"就是为此派发的)。㊿弥勒佛即未来佛,本应在释迦牟尼涅槃后五十六亿七万年后降生,这时却以圣像为媒介神奇地在诗人面前显形。㉛倒数第二句中的"功德水",出自弥勒净土天池。诗中写石城寺位于香山,前面说过,香山是乾闼婆的圣山,坐落在"铁围"中,"铁围"指围绕大千世界的"铁围山"。这样一来,寺庙本身就成为"世界之轴"的形象比喻,在那里,随着佛陀诞生,污浊俗世再次变得圣洁,正如诗人也重获其原初混沌之心。

  当然,像这样将庙宇视为神圣领地的观念,在各地宗教生活中都司空见惯。但是,人们不是总以同样的眼光来看待周围景色的特点。比如说,在当时的欧洲(即八世纪),教堂圣地是充斥着诱惑和邪恶的世俗荒野的绿洲和庇护所,是一个"界限分明的神圣空间,外面挤满了邪恶力量"。㉜相较而言,虽然在唐代诗人看来,佛寺当然也可以是神圣领地,但佛院的边界并没有面临迫在眉睫的危险。这部分是因为中国佛教以及中国传统宇宙论不存在主动的、有意识的恶之本源的观念,还因为绝大多数唐代诗人的自然观相对温和,特别是在城市的逐利世界或宫廷的权诈竞技场的映衬下。不过,我们也要记住,对孤独的旅人逐客来说,自然荒野有时确实会露出相当可怕的一面。当然,这种情况不会发生在山寺附近。真正得道的僧人甚至有能力将佛法传授给山间精灵,如前面提到的那首孟诗《游明禅师西山兰若》所言。这似乎表明,佛寺或兰若,至少在孟诗中,不仅是已被神圣化的地方,也是能使万物神圣化的地方。圣所本身的神圣性悄然延及周围风景，乃至与周围风景融为一体。自然被带入佛院内部。

四、融公兰若

前面说过，孟浩然常用框架结构来为他寺院诗或兰若诗中描绘的风景赋予某种佛教色彩。有时候，特别是在短诗中，这种框架结构可能只是局部的，只用开篇第一句的一个佛教指涉，就为后面的诗句奠定了独特语调。如下面这首七言绝句：

过融上人兰若

山头禅室挂僧衣，窗外无人溪鸟飞。
黄昏半在下山路，却听泉声恋翠微。(53)

在这首精美的小诗中，诗人前来拜访的融公不在家——只有他的僧衣在——但诗人不觉得烦恼，反而因融公“禅室”周围的无人美景陷入自己的非正式冥想：他冥想风景，持续了整个下午，直到黄昏来临。即便到那时，他也不愿意离开，于是诗人与自然融为一体。

虽然融公人不在场，但他的形象依然是诗中一个非常重要的影子般的存在。毕竟，诗人正是在他的禅室得以静观世界的。从某种意义上说，融公的住所及其周围环境的简单而自然的纯净，已足以提高诗人对平凡现实的认知，这个事实本身就能说明融公身为佛教徒典范的出色之处。如果最好的教学法是引导学生自己领悟，那融公正是这么做的，哪怕他不在场。不管他身在何处，他的精神存在都没有退出这首诗的世界。他的神圣影响无疑渗透了整个场景，也许他还以某种象征性的方式成了自然风景的一部分。他在世情俗虑的"窗外"，就像自由的水鸟，可以说，展翅飞离了文明的束缚。他的生活像水鸟一样无牵无挂，他将自己的"僧衣"——纯粹的人类服饰——抛在了身后。他的居所确实在"翠微"之中，这是山顶上稀薄、瑰丽的翠色云气，象征远离下界尘世。虽说"翠微"一词到唐代已成了形容远处薄雾笼罩的山峰的陈词滥调，但诗人在这里恢复了一些这个词最初的、完整的含义。我们还可以注意看稀薄山气的"翠"色是如何恰当地、微妙地唤起了第二句中无拘无束的"溪鸟"形象。

这首诗中的场景全由视觉形象组成，但有一个重要的例外——"泉声"。正是泉声留住了诗人，尽管夜幕降临，是时候离开了。相较于慢慢升上山路的"黄昏"暗示人生、人的一天的转瞬即逝，涌动的泉水则代表复生，代表永远充满生机、流个不停的纯净。对泉声的喜爱吸引了诗人，让他停下了脚步。就像我在别处指出的那样，诗人感受到的美好和谐，甚至体现在诗歌最后一句的和谐声律上。㊾

就像前面那首《大禹寺义公禅房》诗中的义公一样，融公似乎也消失在了风景之中。但这首诗给人的感觉是，诗人以某种方式代入了他那位不在家的友人的身份，以得道高僧常见的那种方式体验了自然环境的宁静。诗歌第一句提到融公的"禅室"和"僧衣"，有效地为后面的诗句染上了佛教色彩，让我们觉得僧人始终近在咫尺。

需要指出的是，如果诗歌本身没有具体的佛教形象，风景也就不会有明确的宗教意味。对孟浩然来说，即便诗题标明写的是僧人居所,但诗题本身并不足以确立周围环境中的特殊佛教意味。举例来说,我们可能还记得第五章提到的孟诗《夏日辨玉法师茅斋》,在那里,诗人的兴趣完全集中在秀丽的风景上,斋房主人的法师身份虽然在诗题中写到了,但从诗歌的角度看无关紧要。

融上人似乎是诗人最亲密的佛教朋友之一。我们知道,他居住在襄阳以南约三英里处的白马山景空寺,似乎是当地最有名的僧人,著名政治家张说在714—717年间被贬华中地区时也拜访过他。张说的访僧诗如下:

襄州景空寺题融上人兰若

高名出汉阴,禅阁跨香岑。
众山既围绕,长川复回临。
云峰晓灵变,风木夜虚吟。
碧浤龙池满,苍松虎径深。
旧知青岩意,偏入杳冥心。
何由侣飞锡,从此脱朝簪。[55]

可能正是张说贬谪襄阳期间,当时25岁左右的孟浩然结识了张说。可以肯定的是,孟浩然是融公的常客,与他交情深厚。在本书第二章,我们提到了孟浩然写游览融公兰若的《游景空寺兰若》诗,诗人其实另外还有两首诗写融公兰若:

题融公兰若

精舍买金开,流泉绕砌回。

> 芰荷薰讲席，松柏映香台。
> 法雨晴飞去，天花昼下来。
> 谈玄殊未已，归骑夕阳催。㊱

此诗开篇把融公的兰若比作佛陀的祇园；祇园是佛陀最喜欢的一处隐修地，是一位虔诚的居士花费很多黄金从舍卫国太子手中买下来送给佛陀的。㊲我们也许能从"流泉"认出一个熟悉的风景，是我们刚在诗人的绝句《过融上人兰若》中见过的。"香台"指佛殿。代表生机勃勃的佛法教义的"法雨"滋润着这里，"天花"也纷纷从天而降。不过，在绝句《过融上人兰若》中，诗人在融公兰若一直待到了黄昏时分；在这首诗中，他却要急忙离开这个清静神圣之所赶回家，虽然这次他拜访的对象确实在那里与他"谈玄"。

诗人的另一首融公兰若诗，写于融公去世后：

过故融公兰若

> 池上青莲宇，林间白马泉。
> 故人成异物，过客独潸然。
> 既礼新松塔，还寻旧石筵。
> 平生竹如意，犹挂草堂前。㊳

在诗人向融公、向融公安静的隐修所做最后的告别中，这里似乎成了诗人怀念已故师友的圣地。美丽的"青莲"，在唐代艺术中常被描绘为菩萨的莲花座，这里被看作构成了融公的居所，或者更准确地说构成了居所的屋檐("宇"),[59]这样,兰若本身就成了信仰的象征。我们知道,景空寺和融公兰若都在白马山上;诗人其他融公兰若诗中提到的那股清泉,这首诗第二句直接称之为"白马泉"(白马山也因此而得名[60]),与"青莲宇"在句法上工整对仗。我怀疑这里可能还顺带指涉了传说中的那匹白马,据说64年它将第一批佛经从印度驮来中国。若如此,白马就可以象征性地与菩萨的青莲座形成绝妙对仗,暗示融公兰若包含有——或者说是——信仰的真正"泉源"。

第三句的措辞以醒目的佛教方式指涉大师去世。新"塔"当然是指融公墓。虽然它是盛纳大师遗骨的纪念性圣堂,但也是这片熟悉的风景中不寻常的、不受欢迎的新增物。融公留下来的只有他仪式性的如意竹杖,那本是"佛僧最受尊敬的物品"[61],但现在主人亡故了,它只是一个简单、可悲的物件罢了。不过,它的继续在场,就像周围的佛教风景一样,可能意味着信仰的永恒真理。但最终,这首诗与其说是佛门弟子的作品,不如说出自一位哀伤的友人。诗的悲伤,很大程度上是因为诗人巧妙地唤起了场景的极致孤独感,因为融公再也不是这些风景的一部分了,而这种孤独,与诗人上次访融公不遇时享受的那种宜人独处截然不同。

尽管孟浩然显然受到佛教某些方面的吸引,也被某些他认为最能体现佛教信仰的虔诚信徒所吸引,但他不是虔诚的信徒,称他为"佛教"诗人也不恰当。[62]虽然他在一些诗中熟练运用了佛教指涉和典故,有时还将自己描绘为寻求佛教开悟的人,但他在这些作品中最多采用的,是一个懂得欣赏但不完美的世俗人士的文学姿势。独特的佛教意象被他巧妙地与自然意象融合在一起；诗人对佛法的感知，显然立足于物质世界的现实（有时是升华过的现实）。

下面这首孟诗，很适合用来总结我们对孟浩然"佛教"诗的讨论（第三句中的"偈"，中古音 kyat，指佛经中的有韵赞颂，"童子"指佛陀弟子惠上人；第四句中的"法王"指佛陀本人）：

陪姚使君题惠上人房得青字

带雪梅初暖，含烟柳尚青。
来窥童子偈，得听法王经。
会理知无我，观空厌有形。
迷心应觉悟，客思不遑宁。㊿

注　释

① 唐初一百年间佛教与国家的关系，见 Stanley Weinstein 斯坦利·威斯坦因, "Imperial Patronage in the Formation of T'ang Buddhism," in *Perspectives on the T'ang*, ed. Arthur Wright 芮沃寿 and Denis Twitchett 杜希德 (New Haven: Yale University Press, 1973), pp. 265-306。

② 尤见陈寅恪《武瞾与佛教》，收入《陈寅恪先生论文集》(九思出版社1977版)，第421—436页；R. W. L. Guisso桂雨时, *Wu Tse-t'ien and the Politics of Legitimation in Tang China* (Bellingham, Wash.: Western Washington University, Program in East Asian Studies, 1978), pp. 31-49; Antonino Forte福安敦, *Political Propaganda and Ideology in China at the End of the Seventh Century* (Naples: Istituto Universitario Orientale, 1976)。桂雨时认为，武瞾对佛教的支持是"中古中国最有野心的尝试之一……利用宗教情

感为政权的存在本身辩护,甚至为这个政权最不受欢迎的做法找理由"。（第36页）

③ 详见第七章。

④ 唐太宗《令道士在僧前诏》,见《全唐文》(台北:大东书局1979年版),卷六,页6b—7b;《唐会要》(《丛书集成》本),卷四十九,第859页。

⑤ 武曌《释教在道法上制》,见《全唐文》,卷九十五,页4b—5a;《唐会要》,卷四十九,第859页;《资治通鉴》(中华书局1976版),卷二百四,第6473页。需要说明的是,674年高宗诏令佛道并重,711年睿宗也有类似诏令,714年玄宗又重申其父睿宗的诏令。

⑥ 武则天对佛教的支持,也以更持久的方式体现了出来。如龙门石窟,其开窟造像最活跃的时期正是武则天掌权期间。龙门距离武则天宫廷所在的洛阳很近,一些保存至今的最精美的唐代佛像就是武则天在位期间开凿的。造像工程的部分赞助来自武则天本人。

⑦ 《资治通鉴》,卷二百一十一,第6695页。中书令姚崇关于汰择僧尼的奏疏,更完整版本见《唐会要》,卷四十七,第837页。《唐会要》此处关于"天下僧尼伪滥还俗者三万余人"的记录,可能导致陈观胜错误以为开元年间出现了第二次僧尼大量还俗的情况,见Kenneth Ch'en 陈观胜,"The Hui-ch'ang Suppression of Buddhism," *Harvard Journal of Asiatic Studies* 19 (1956), 79;威斯坦因也延续了这一错误,见Stanley Weinstein 威斯坦因,"Imperial Patronage in the Formation of T'ang Buddhism," in *Perspectives on the T'ang*, ed. Arthur Wright 芮沃寿 and Denis Twitchett 杜希德, p. 267。

⑧ 《资治通鉴》,卷二百一十一,第6696页。

⑨ 《资治通鉴》,卷二百一十一,第6703页。唐玄宗《禁百官与僧道往还制》,见《全唐文》,卷二十一,页1a/b;唐玄宗《禁僧俗往还诏》,见《全唐文》,卷三十,页11a。这些诏令同时也禁止密切接触道士。

⑩ 《唐会要》,卷四十七,第836页。这条敕令还规定信教者不能免除敬拜父母的儒家义务,这个问题一直以来备受争议。

⑪ 当然,这并不是说某些特定场合不会特别青睐某一教。

⑫ 唐玄宗《答张九龄贺论三教批》，见《全唐文》，卷三十七，页 7b—8a；《册府元龟》(中华书局 1972 版)，卷三十七，页 17b。张九龄的《贺论三教状》，见《全唐文》，卷二百八十九，页 9b—10a；《册府元龟》，卷三十七，页 17a/b。

⑬《孝经注》最早问世，完成于 722 年，接着是 732 年左右的《道德经注》，最后是 735 年的《金刚经注》。

⑭ 参见罗香林《唐代文化史》(台北：商务印书馆 1955 版)，第 165—169 页。

⑮ Philip B. Yampolsky 扬波尔斯基, *The Platform Sutra of the Sixth Patriarch* (New York: Columbia University Press, 1967), p. 1。

⑯《唐会要》，卷四十九，第 863 页。

⑰ 正是此时，王维取字"摩诘"，这个字号广为人知。"摩诘"前面加上他的名"维"，就是 Vimalakīrti 的通行汉译"维摩诘"。维摩诘是释迦牟尼佛的著名居士弟子，以洁净著称。

⑱《孟浩然集》(《四部丛刊》本)，卷一，页 1a。注意，储光羲《泛茅山东溪》诗首联("清晨登仙峰，峰远行未极。")与孟诗首联相似；见《全唐诗》(台北：明伦出版社 1971 版)，卷一百三十六，第 1377 页。

⑲ Henri Maspero 马伯乐, "Comment le Bouddhisme s'est introduit en Chine", in *Le Taoisme et les religions chinoises* (Paris: Gallimard, 1971), pp. 289-291。如马伯乐所言，禅定之书是最早的汉译佛经之一，主要是因为它们引起了道士的兴趣，这些道士有他们自己的冥想方法。早期中国佛教的禅定传统，见水野弘元《禅宗成立以前のシナの禅定思想史序说》，《驹泽大学研究纪要》15.3 (1957)，第 15—54 页。

⑳ 关于八世纪禅宗历史，最好的英文概述，见 Philip B. Yampolsky 扬波尔斯基, *The Platform Sutra of the Sixth Patriarch*, pp. 1-57。

㉑《孟浩然集》，卷二，页 5b-6a。

㉒ 见中村元《佛教语大辞典》(东京书籍出版社 1975 年版)，第一册，第 491 页。

㉓ "才"(中古音 dzaai)，一般指"才力、才能"(genius; verve; ability; talent)，常用作实词或修饰语。在这首排律中，"才"与"秀"(中古音 syou)对，表明

诗人这里特意把"才"字用为动词。在这个引人注目的形象中，诗人试图唤出"才"字的本意："草木之初,将生枝叶。"见丁福保(1874—1952)：《说文解字诂林》(商务印书馆1976版)，6A，页2664b。通过引申义"禀性"(an implanted quality)，"才"字才有了今天更为人所知的意思，即"天赋之才""才华"(heaven-given talent; genius)。"才"对"秀"，对仗工整，因为"秀"的本义是"谷物抽穗扬花"。

㉔ 祇园是历史上佛陀喜欢的僧园之一，由富有、虔诚的居士给孤独(Anāthapīndada，"给"/"achieved"）买下来献给佛陀。

㉕ 特别是热那亚画家阿历山德罗·马尼亚斯(Alessandro Magnasco, 1667?—1749)笔下的圣安东尼。见 Sacheverell Sitwell, *The Hunters and the Hunted* (London: Macmillan & Co., 1947), p. 270。

㉖ 《孟浩然集》，卷一，页1a/b。

㉗ 尤其是宋之问的两首云门寺诗：《宿云门寺》，见《全唐诗》，卷五十一，第622—623页；《云门寺》，见《全唐诗》，卷五十三，第654页。

㉘ 即《游云门寺寄越府包户曹徐起居》，见《孟浩然集》，卷一，页6b。

㉙ 也有可能，诗人这里的"四禅"指"八定"的后四个阶段，人已超越了表象世界。我的同事泰勒(Rodney L. Taylor)提到了这种读法。

㉚ 据古典思想，圣人在位，天地相合，就会降下"甘露"。

㉛ 这些"寺院"诗共三百多首。卷二百一十八至卷二百二十四为"释门"类，为写给僧人的诗，这些诗的数量与"寺院"诗大致相当。

㉜ 见 Richard Mather 马瑞志, "The Landscape Buddhism of the Fifth-Century Poet Hsieh Ling-yun," *The Journal of Asian Studies* 18.1 (1958), 67-79。

㉝ 见 Paul Demiéville 戴密微, "La montagne dans l'art littéraire chinois," *France-Asie* 183 (1965), p. 20。

㉞ 卢照邻《石镜寺》，见《全唐诗》，卷四十二，第524页；《文苑英华》，卷二百三十三，页5a。

㉟ 沈佺期《乐城白鹤寺》，见《全唐诗》，卷九十六，第1037页，"应"作"迎"；《文苑英华》，卷二百三十三，页5b。

㊱ 沈佺期《乐城白鹤寺》，见《全唐诗》，卷九十六，第1037页；《文苑英

华》,卷二百三十三,页 5b。

㊲ 宋之问《宿清远峡山寺》:"说法初闻鸟,看心欲定猿。"见《全唐诗》,卷五十二,第 640 页;《文苑英华》,卷二百三十三,页 5a。

㊳《全唐诗》,卷八十八,第 975 页;《文苑英华》,卷二百三十三,页 8a。两个版本有多处异文,这里据《全唐诗》。

㊴ 张九龄《祠紫盖山经玉泉山寺》,见《全唐诗》,卷四十九,第 602 页。孟浩然的唱和诗题为《陪张丞相祠紫盖山途经玉泉寺》,见《孟浩然集》,卷二,页 3b—4a。玉泉寺由佛教天台宗创始人智顗建造于 593 年。"佛影",在中国佛教徒中很有名,是 412 年慧远在庐山东林寺所绘佛像,为虔诚象征。据说此像乃摹写那揭罗曷国(Nagarahāra)附近山岩佛影,是佛陀度化龙王瞿波罗(nāga-king Gopāla)后留下的礼物。见 Erik Zürcher 许理和, *The Buddhist Conquest of China: The Spread and Adaptation of Buddhism in Early Medieval China* (Leiden: E. J. Brill), pp. 224-225。当然,张九龄诗中的"佛影"是风景本身"投射"出来的。

㊵ 见 Erik Zürcher 许理和, *The Buddhist Conquest of China*, p. 207。

㊶ 见 Erik Zürcher 许理和, *The Buddhist Conquest of China*, p. 207;宫川尚志:《六朝史研究:宗教篇》(平乐寺书店 1977 版),第 281、285 页。小尾郊一认为"隐"(不管出于哪种信仰)与山的密切联系始于东晋初年(四世纪初),小尾郊一《六朝文学的山水观》,《中国文学报》1958 年第 8 期,第 79—94 页。

㊷ 见 Paul Demiéville 戴密微, "La montagne dans l'art littéraire chinois," *France-Asie* 183 (1965), p. 25。

㊸ 如 J. D. Frodsham 傅乐山, "The Origins of Chinese Nature Poetry," *Asia Major* N. S. 8. 1 (1960), 98。

㊹《孟浩然集》,卷一,页 3b。

㊺ 宫川尚志注意到六朝僧人传记中有很多山神从虔诚僧人那里接受佛法的例子,见宫川尚志《六朝史研究:宗教篇》,第 286 页。

㊻《孟浩然集》,卷三,页 3b。

㊼ Edward Schafer 薛爱华, *The Golden Peaches of Samarkand: A Study of T'ang*

Exotics (Berkeley: University of California Press, 1963), pp.128-129。

㊽ 剡县，今嵊县，邻近四明山脉，"四明山"在孟诗中出现过几次。石城，又名南明山。诗人这里游访的佛寺历史悠久，建于晋初，据说支遁葬于山麓。

㊾《孟浩然集》，卷二，页 4a。

㊿ Kenneth Ch'en 陈观胜 , *Buddhism in China: A Historical Survey* (Princeton: Princeton University Press, 1972), pp. 278-279。陈观胜称释迦牟尼佛诞辰有时也在二月初八或四月初八庆祝。

(51) 这个圣像可能就是石城寺著名的弥勒佛石像，六世纪初由梁建安王委托建造。见陈贻焮《孟浩然事迹考辨》,《文史》1965 年第四辑，第 59 页引《嘉泰会稽志》。

(52) Pierre Riché *Daily Life in the World of Charlemagne* (Philadelphia: University of Pennsylvania Press, 1978), p. 231.

(53)《孟浩然集》，卷四，页 15a。一作綦毋潜诗，文字略异，见《文苑英华》，卷二百三十四，页 7b—8a;《全唐诗》，卷一百三十五，第 1372 页。《全唐诗》同时也称此诗为孟浩然作，见卷一百六十，第 1669 页。不过，孟浩然的作者身份应该没有问题。早期选本《河岳英灵集》(卷中，页 47a）也题为孟浩然作。

(54) 见 Paul Kroll 柯睿 , "The Quatrains of Meng Hao-jan," *Monumenta Serica* 31 (1974-1975) , p. 352。文章第 351—352 页对这首诗的讨论，本书这里有借鉴，也有所修正。

(55)《全唐诗》，卷八十六，第 931 页。

(56)《孟浩然集》，卷三，页 8b—9a。

(57) 见前注 24。

(58)《孟浩然集》，卷四，页 9a。

(59) 唐时青莲，见 Edward Schafer 薛爱华 , *The Golden Peaches*, pp. 129-130。陈子昂《酬晖上人夏日林泉》诗也曾用"青莲宇"一词来形容山泉附近的僧人居所，见《全唐诗》，卷八十三，第 899 页。

(60) 见前注 39。

㉛ 见 Erik Zürcher 许理和，*The Buddhist Conquest of China*, p. 407。注意许理和这里对如意杖平凡起源的评论。
㉜ 卫礼贤称孟浩然"在严格的佛教虔信中"度过一生显然是曲解，见 Richard Wilhelm 卫礼贤, *Die Chinesische Literatur* (Wildpark-Potsdam: Akademische Verlagsgesellschaft, Athenaion, 1926), p.138。
㉝《孟浩然集》，卷三，页 6b—7a。

第七章　仙界

唐代佛教境况的光辉灿烂，及其众多教派影响遍及全国的普遍光环，常常让学者看不到道教在这几个世纪中同样无处不在、同样令人印象深刻的辉煌。事实上，道教，尤其是以圣山茅山（江苏南部）为中心的上清道派，对唐人宗教生活和想象力的影响，至少并不亚于佛教。[①]

不过，如果我们设想两种信仰之间存在激烈的竞争，那就错了。虽然在宫廷中的声望略有不同，但这两大宗教对大多数人来说同等重要，某些方面似乎还相互促进。例如，我们上一章中提到的著名诗人宋之问，既是重要禅师神秀的俗家弟子，又是茅山道派宗师司马承祯的密友。这并不奇怪。[②]大多数唐代诗人作品显然很熟悉这两种信仰的关怀和符号/象征，很少为扬此而抑彼。有时候，在访寺诗和访道观诗中都会看到同样的佛道形象库。但这里需要立即提醒读者的是，这里并不是想暗示说诗人心中有什么"融合"概念。大概除了那些最无趣的作家，人们总是承认僧人和道士同样都追求更纯洁的精神生活，但也清楚这两种传统泾渭分明。我们下面会看到，涉及道教和佛教题材的诗歌，特别是孟诗，有着显著的差异。

道教被恰当地称为中国人的"本土高等宗教"，[③]而道教信仰盛行于整个唐王朝。其影响在宫廷尤为突出，茅山派的一系列"宗师"——王远知（510?—635）[编者注：《辞海》为（528—635）]、潘师正（585—682）[编者注：《辞海》为（586—684）]、司马承祯（647—735）[编者注：《辞海》为（647或655—735）]——得享皇家恩荣，并显著影响了几代文人和政客。这三位令人印象深刻的天师（也都令人印象深刻地长寿）与受人尊敬的茅山派真正创始人、调和人陶弘景（456—536），形成了长达三个世纪的师承关系。④另外，茅山派，特别是王远知，在辅佐李渊（高宗）、李世民（太宗）父子建立李唐王朝的过程中发挥了相当大的作用，甚至可以说至关重要。⑤

据说，唐王朝的建立实际上是老子亲自认可的；618年，他在李渊部众面前现身为神人"太上老君"，称自己是刚称帝的皇帝的先祖，承诺派出"神兵"帮助唐王击败其他王位争夺者。⑥为更好理解这一点的重要性，我们得记住，李氏家族传统上自称老子（姓李）后裔，而道教弥赛亚思想早就为李姓救世主降临并在地上建立"道治"做好了准备。⑦此外，隋末乱世传唱的一首不祥歌谣，也预言隋王朝将由李姓人取而代之。⑧当然，李渊只是众多的王位争夺者之一，其中姓李的也不止他一人；但显然，建立帝国后，李渊和他的继任者们选择将他们的统治特权来自祖先老子的说法继续下去。637年，太宗颁布诏令正式承认这种说法，同时还规定，凡涉及宫中仪式事务，道士先于佛僧。⑨

不过，玄宗朝才是道教徒受唐皇室宠溺的最阳光灿烂的时期。尽管玄宗在位初期曾尽力强调自己的政权合乎礼制，是传统的"儒家"政权，避免在宗教问题上有任何明显偏袒，尽管他在漫长的在位期间始终谨慎地给予佛教信仰应有的尊重，但随着在位时间的延长，皇帝本尊的兴趣逐渐转向了神秘莫测的道教符箓。

比如在学术层面上，733年，玄宗下令，天下士庶每家都应收藏一册他注释的《道德经》。⑩不用说，如此大规模的手抄本制作虽然让人难以置信，但君王的兴趣所在很明显。顺便说一句，736年，襄阳也竖立了一块御注《道德经》石碑，我们的诗人肯定见过。⑪

要想用令人满意的细节讲清楚玄宗在位期间宫廷与全国大气候中特有的道教氛围，必须另外写一本书。无论如何，孟浩然没有活着经历君王崇信道教最狂热的一些做法，这些做法从740年左右一直持续到玄宗朝末期，如742年为纪念据说是老子亲赐的宝符的发现，将年号从"开元"改为"天宝"；⑫在两京开设专门学校研习道教经典；⑬设立专项科举考试（"道举"），由皇帝从道教经典文本中出题发问；⑭在帝国各州县兴建老子庙。⑮这些还只是皇帝钦命的几个例子。皇帝晚年对道教的玄秘世界的迷恋，恰当地体现在他死后的庙号上（我们一般用庙号来称呼他）：因为"玄宗"的意思是"神秘的/对玄奥感兴趣的祖宗"。

所以，有些孟诗带有明确的道教色彩这一点并不奇怪；如果没有才会令人惊讶。虽然数量上略少于佛教题材诗，但孟浩然的道教题材诗或写给道士的诗歌构成了一组独特的作品，值得我们特别关注。

不过，细读这些作品可以清楚地看出，孟浩然对道教实践没有太大兴趣，也肯定没有进入道教信仰经符秘箓的世界。他的诗歌显示出他并不熟悉当时占主导地位的上清派内视、游神等修炼法和术语，也没有指涉任何强大的身神、星神，或法力强大的符咒。⑯我们知道，孟集的首位整理者王士源是虔诚的道教徒，尤以"恢复"道教典籍《亢仓子》闻名，但他的孟集《序》并没有暗示我们的诗人是道教信徒。虽然我们在孟诗中看不到对道教的玄秘有任何指涉，但看他如何将世俗的道教传统融入诗歌写作也是有益的。

一、道教领地：天台山

孟浩然的相当多的"道教"诗都与一个地方有关——浙江沿海的天台山。几个世纪以来，天台山一直是诸多佛寺喜欢的庇护地，其中最有名的大概是以智顗（531—597）[编者注：《辞海》为（538—597）]为首的佛教社团，他在天台山创建了一个以《妙法莲华经》为基础的独特的中国佛教教派。

道教团体也出现在面积广大的天台山脉的绵延侧翼。711年，当政的睿宗皇帝（玄宗之父）下令在山上修建新道观"桐柏观"作为上清宗师司马承祯的官邸，当时司马承祯在因皇帝征召而光临朝廷后，回到他平常在天台山的栖息处。⑰司马承祯无疑是当时最有影响力的道教宗师，与武周朝著名诗人杜审言（？—708）、宋之问、陈子昂关系密切，尤其是陈子昂受他影响很大。司马承祯在735年去世以前，还结识了孟浩然这一代的很多重要作家，包括张九龄，尤其是刚二十出头的李白，司马承祯亲自引领他正式信奉道教。⑱

虽然孟浩然似乎从未结识司马承祯，但他在八世纪三十年代初游越期间曾特意拜访桐柏观。当时,司马承祯已移居玄宗下令为他建造的更宏伟的道观,位于王屋山(陕西最南端,因此离宫廷更近);但他先前的居所并没有失去对访客的吸引力。孟浩然这样感知这座道观:

宿天台桐柏观

海行信风帆,夕宿逗云岛。
缅寻沧洲趣,近爱赤城好。
扪萝亦践苔,辍棹恣探讨。
息阴憩桐柏,采秀寻芝草。
鹤唳清露垂,鸡鸣信潮早。
愿言解缨绂,从此去烦恼。
高步陵四明,玄踪得二老。
纷吾远游意,学此长生道。
日夕望三山,云涛空浩浩。[19]

诗人说他本欲寻找东海仙岛"沧洲",却倾倒于玫瑰色的"赤城"的魅力。赤城在天台南坡,登天台山一般从这里开始。诗人泊舟登山,很快发现自己在桐柏观休憩,他想象自己或许能在这里采集神奇的长生不老药。置身桐柏观,诗人立刻觉得自己开始了神游:他凌越了四明山——在天台山脉东北部,似乎在神秘的旅程中实现了"远游"的梦想,找到了"二老",道教宇宙中最权威的神祇。诗人由此希望实现道教的"长生"梦。

在诗的尾联,诗人回望桐柏观,专注地凝视东海雾霭中的蓬莱、方壶、瀛洲三座仙山。这梦幻般的景象,只有在这座神圣的道"观"周围才能看见。读到最后一句,西方读者不禁会联想到德国浪漫主义艺术家卡斯帕·大卫·弗里德里希(Caspar David Friedrich,1774—1840)的名画《雾海上的旅人》;不过,也许最好还是想起《道藏》中的许多插图,它们描绘了身在云涛中的各路神仙。

在道教传说中,天台山与"上清"最高天的"玉平天"相连通,掌治玉平天的神人是王子乔,也被称为"桐柏真人",他应该是在前六世纪成仙的。距离桐柏观不远处,有一间王子乔祠堂,还有一座小庙,内有王子乔塑像,开元初年由玄宗下令修造。此外,在天台山深处,虔诚的道教徒还会发现王子乔主治的"金庭洞天",以及"灵墟"圣地,后者是道教徒熟知的七十二"福地"之一。

不过,孟浩然的天台诗没有提及这些内容。他把天台山视为一个神奇的地方,主要还是因为四世纪作家孙绰的名篇《游天台山赋》。[20]孙绰赋热情洋溢地详述了一次神秘的登山与顿悟之旅,深刻影响了孟浩然对这个地方的描绘。唐代诗人期望能在天台山上经历一次深刻的宗教体验;由于孙绰,声称自己有这种经历成了常见的文学惯例。实际上,在孟浩然的天台诗中可以清楚听到孙绰赋的回响,如上面这首《宿天台桐柏观》诗中的第五句"扪萝亦践苔"、第十一句"愿言解缨绂"。

在另一首孟诗《越中逢天台太一子》中,诗人漫游"风水"时,有道士提议说,如果诗人真心有兴趣远游,就应去天台山找寻"灵怪"。诗的最后十二句包含了诗人对天台山的描绘和结束语:

> 上逼青天高，俯临沧海大。
> 鸡鸣见日出，每与仙人会。
> 来去赤城中，逍遥白云外。
> 莓苔异人间，瀑布作空界。
> 福庭长不死，华顶旧称最。
> 永愿从此游，何当济所届。[21]

这里的简短导览提到了天台山的三大景点，都是孙绰赋描写过的：南峰赤城是登天台山的必经之地；西南坡的瀑布；天台最高峰"华顶"。还可注意的是，诗歌结束时诗人不是像写给僧人的诗歌中常见的那样哀叹自己难以超脱，而是表达了期待之情。

不难想见，天台山道士"太一子"的鼓励，以及孙绰赋的文学感召，在诗人第一次来到这座名山时必定会让他觉得兴奋，迫不及待。这种兴奋之情可以在下面这首诗中清楚看到，在里面诗人描写了他第一次远远望见著名的石梁的那一刻——石梁是一座狭窄的天然石桥，位于通往赤城的小路上。恶溪是石梁下的溪流，又名"绝命溪"。过桥象征进入天堂：[22]

寻天台山作

> 吾友太一子，飡霞卧赤城。
> 欲寻华顶去，不惮恶溪名。
> 歇马凭云宿，扬帆截海行。
> 高高翠微里，遥见石梁横。[23]

"霞"被认为是日之精;大多数唐代诗人,不管信不信道教,都知道"餐霞"是上清派的独特修炼法,能让人体生玉光。㉔

诗人几首天台诗的意象都惊人的一致,下面这首诗中的大多数字词,我们现在应该不陌生了:

寄天台道士

海上求仙客,三山望几时。
焚香宿华顶,裛露采灵芝。
屡践莓苔滑,将寻汗漫期。
倘因松子去,长与世人辞。㉕

最后一联的主语也可理解为诗人自己:"如果我随你而去,就会永远地离开世人了。""松子",又名赤松子,相传为上古时神仙。"汗漫"是彻底无拘无束的拟人化,用《淮南子》的话来说,你可与汗漫遨游于"九垓之外"。㉖最后,注意看第五句"屡践莓苔滑",几乎逐字借鉴孙绰《游天台山赋》:"践莓苔之滑石。"

不管孟浩然私下如何看待天台山的真实存在,只要写这座山,写这座山中的居民,主导他文学观念的,就是四世纪孙绰赋的回响,是他对此处乃当时道教信徒神圣家园的体认。在这一点上,他和他那个时代的其他诗人一样,他们大多数人都以极其相似的方式描写天台山。㉗

二、一些其他的道士居所和配饰

当诗人描写自己拜访个别道士时,这种拜访在诗中往往被置换为通往仙界之旅。下面这首诗就是一个很好的例子：

与王昌龄宴王道士房

归来卧青山，常梦游清都。
漆园有傲吏，惠我在招呼。
书幌神仙箓，画屏山海图。
酌霞复对此，宛似入蓬壶。㉘

这首诗在社交语境中不过是感谢东道主的应景诗，由一连串道教或伪道教的典故和形象组合而成。"清都"相当于被称为"紫微"的星垣，是诸天的中央，也是被称为"太皇大帝"的天神的居所。㉙诗人梦游清都，效仿的是《楚辞·远游》作者飞天神游的文学先例。㉚梦游天际也很适合作为这首拜访道士诗的开篇，诗人可以就拜访道士本身就代表着实现远游梦想这个想法做文章。第三句中的"漆园"之"吏"指庄子，职位卑微，却心满意足（这句诗直接借自郭璞［276—324］著名的《游仙》组诗第一首）。㉛第四句揭示了眼前的漆园吏的身份：他是亲切邀请诗人来访的东道主。

王道士家中的陈设，在诗人眼中也属于严格意义上的"世外"之物：书法挂件像是写着道教天仙的神秘符箓，屏风上画着《山海经》中的神秘山川。连酒也很奇异：它变成了纯净的"霞"，前面说过，只有天选之人才能食用。（我们可以推想，现实中的酒为玫瑰色，这种色彩不禁让人联想到黎明时分的瑰丽云彩。）面对这一切，还能怀疑诗人真的到了仙岛吗？

下面这首诗也很相似:

清明日宴梅道士房

林下愁春尽,开轩览物华。
忽逢青鸟使,邀我赤松家。
丹灶初开火,仙桃正发花。
童颜若可驻,何惜醉流霞。㉜

这里,诗人被道教女神西王母的传统飞鸟信使"青鸟使"召来道士家中,道士本人则被比作前面提到过的赤松子。诗人似乎赶上了梅道士即将成仙的那一刻:炼制丹药的炉灶刚刚点上火,西王母的仙桃——吃过仙桃的人都能长生不老,但每三千年才开一次花——正在开花。周围环境像是有了魔法,让人相信如果坚持道教的修炼法,或可防止身体衰败,永葆青春,诗人满足于与主人一起畅饮神奇的"霞"(梅道士的酒变成的)。注意看诗歌开篇诗人留住消逝的春光的渴望,是如何与诗歌后半部分写道教特有的对青春永驻的追求相呼应的。

必须强调的是,这首诗和本章讨论的其他诗歌一样,只是宽泛意义上的"道教"诗,诗歌使用的术语和指涉多与世俗道教传统相关。这些诗中,诗人多以门外汉的身份言说,没有表现出对道教神圣宗教仪式的深入了解。诗人使用的文学典故总是出自《庄子》和《淮南子》,这是所有受过古典教育的文人学士继承的遗产的一部分,或是借鉴孙绰《游天台山赋》、郭璞《游仙》组诗。换句话说,孟诗中的"道教"笔触,似乎来自公共文学传统，而不是道教信徒的宗教和文本传统。这方面耐人寻味的是，对茅山这座上清派的圣山，孟诗只提到过一次，而且还只是顺带提及。㉝

还有一点，孟浩然这些诗中的自然风景不像他的"佛教"诗那样明显。我认为这是有原因的。佛法因体察世间万物的真实、无条件状态而赋予它们不可否认的神圣性，道教则不同，其执着愿望是离尘脱俗，进入神仙的世界，神仙的崇高居所位于遥远的星空。正如贺碧来（Isabelle Robinet）所说的，"道士更关注他在地球以外的生活，而不是他在这个世界上的命运"。㉞因此，出现在道教题材诗歌中的，不是我们在佛教诗中看到的那种被净化过的自然世界，而是一个超自然的、天堂般的境界。我们短暂瞥见的道教群体或道士个人在这个世界上的高深精妙居所，往往充满惊奇，而且色彩明艳，因为这些地方被视为尘世和仙界之间的可能连接点。孟浩然往往把对道士的拜访视为通往天堂之路，也应该从这个角度来理解。

孟浩然以前的唐代诗人其实已在他们的诗歌中确立了这些文学惯例，如下面这几句诗对有魔力的、绚丽的风景的描写，出自王勃（648—675）[编者注：《辞海》为（649 或 650—676）]《怀仙》诗：

> 鹤岑有奇径，麟洲富仙家。
> 紫泉漱珠液，玄岩列丹葩。㉟

又如，王勃在写给道教朋友的诗中一开始就描绘朋友的居所彻底

与世隔绝:

> 金坛疏俗宇,玉洞侣仙群。㊱

最极端的例子大概要数杨炯(650?—694)[编者注:《辞海》为(650—约693)],他这样描绘一座道观:

> 福地阴阳合,仙都日月开。㊲

换句话说,自然风景,实际地点,其重要性只在于它是否毗邻蒙福者的居所。在孟诗中,我们可以看出,一个地方如果它毗邻或是被比作沧洲、蓬莱、清都、赤松子家这些奇幻地,那对诗人的描写来说,比这个地方的现世真实景象重要得多。

下面这首孟诗以我们已经熟悉的典故开篇,到了结尾,诗人则将道士的居所置于陶潜的"桃花源"这个虚构的香格里拉。诗中的梅道士,与前面那首《清明日宴梅道士房》诗中的梅道士是同一个人:

梅道士水亭

> 傲吏非凡吏,名流即道流。
> 隐居不可见,高论莫能酬。
> 水接仙源近,山藏鬼谷幽。
> 再来迷处所,花下问渔舟。㊳

这里，道士居所毗邻各种传说中的地名再一次被强调。"仙源"是道教最尊贵的七十二"福地"之一。㊴"鬼谷"是著名隐士鬼谷子的居所，据说他是战国时人；孟浩然把鬼谷与道士的居所环境联系在一起，是借鉴郭璞《游仙》组诗其二。㊵不过，有点出人意料的是，诗歌最后一联提到了"桃花源"，一个永恒的庇护所，却没有真正的道教渊源。因为这个典故，梅道士的居所似乎又坠入了下界，虽说那里对我们大多数凡胎俗骨来说依然难以接近。最后一句中的渔人，显然是陶潜那个奇幻故事中迷舟误入桃花源的"武陵渔人"的后代。孟浩然这首诗是由与隐遁有关的指涉（出自庄子、常见的道教地名、郭璞和陶潜）组成的甜点。这首诗中梅道士对成仙的追求，不像前面那首《清明日宴梅道士房》那样明显。

不管严格说来属不属于道教，桃花源间或出现在很多初唐诗人的道教题材诗里面。㊶（有意味的是，《文苑英华》将描写桃花源的唐诗归入"道门"类。㊷）桃花源被用作一个易于辨识的形象，代表未受污染之地，只有在纯真地无视尘世事务时才能抵达，因此成了道士居所的隐喻。下面这首孟诗第一句就是这么用这个典故的：

游精思题观主山房

误入桃源里，初怜竹径深。
方知仙子宅，未有世人寻。
舞鹤过闲砌，飞猿啸密林。
渐通玄妙理，深得坐忘心。㊸

诗人一旦置身"观"内，就再也没有提及陶潜的桃花源了。"舞鹤"这个道士游天的传统交通工具，是适合出现在这个宗教领地的道教动物；"飞猿"是孟浩然"桃花源"诗的惯用形象，主要是为了强调这里乃偏远之所、化外之地。在这种氛围中，诗人逐渐抵达了最高、最精深的真理——"玄妙"，也指原始的阴性本源，形成于凝聚了的道之"三气"，老子的"玄牝"。[44]"坐忘"在《庄子》的一个段落中，指颜回达到的一种更高精神境界，孔子因此称这个弟子比自己更贤能。颜回形容"坐忘"说："堕肢体，黜聪明，离形去知，同于大通，此谓坐忘。""坐忘"是道教宗师司马承祯一篇长文的主题，我们的诗人可能也知道这一点。[45]

从诗歌作品来看，孟浩然对当时盛行的道教信仰的兴趣和了解，显然是文人式的，不是忠实信徒式的。他诗中对道教意象的运用，看起来不像他运用佛教意象时那样巧妙熟练、更有明确指向。孟浩然的道教诗，虽然不能与他同时代的李白、吴筠等真正的道教信徒相比，但作为老练的诗人，他完全有能力恰如其分地遣词用典，为自己的道教题材作品营造出恰如其分的仙家景象。

注　释

① 茅山派重要的早期历史，见 Michel Strickmann 司马虚，"The Mao Shan Revelations; Taoism and the Aristocracy," *T'oung Pao* 63.1 (1977), 1-64. 对圣山茅山本身的精彩研究，见 Edward Schafer 薛爱华，*Mao Shan in T'ang Times* (Boulder, Colo.: Society for the Study of Chinese Religions, Monograph, No.1, 1989).

② Paul Kroll 柯睿, "Szu-ma Ch'eng-chen in T'ang Verse," *Society for the Study of Chinese Religions Bulletin* 6 (Fall 1978), 20, 24-27。

③ Michel Strickmann 司马虚, "On the Alchemy of T'ao Hung-ching," in *Facets of Taoism: Essays in Chinese Religion*, ed. Holmes Welch 尉迟酣 and Anna Seidel 石秀娜 (New Haven: Yale University Press, 1978), p. 166。

④ 西方学界应更深入细致地研究这三位宗师，研究的第一步是细致阅读他们的得道传，这些传记保存在《云笈七签》(《道藏》,HY1026),卷五,"真系",页11a—16a。这些记载实际上是"官方"传记的基础,见《旧唐书》(中华书局1975版),卷一百九十二,第5125页以及随后几页。关于这几位宗师的更多相关文献,可查阅《道藏》(台北:艺文印书馆1977年版)。

⑤ 见宫川尚志《六朝史研究：宗教篇》(京都:平乐寺书店1977版),第176—187页。宫川尚志的论述很大程度上依赖于道门领袖杜光庭(850—933)的重要著作《历代崇道记》,此书虔诚记录了很多与道教和唐代官廷有关的事件。

⑥ 杜光庭《历代崇道记》,见《全唐文》(台北:大东书局1979版),卷九百三十三,页3b—4b。有意思的是,"神兵"由古代儒家典范周公率领。

⑦ 见 Anna K. Seidel 石秀娜, "The Image of the Perfect Ruler in Early Taoist Messianism: Lao-tzu and Li Hung," *History of Religions* 9.2-3 (Nov. 1969/Feb. 1970), esp. p. 244。

⑧ Woodbridge Bingham 宾板桥, *The Founding of the T'ang Dynasty: The Fall of Sui and the Rise of Tang* (Baltimore: Waverly Press, 1941), pp. 51-52, 118.

⑨ 唐太宗《令道士在僧前诏》,见《全唐文》,卷六,页6b—7b。

⑩ 《旧唐书》,卷八,第199页;《新唐书》(中华书局1975版),卷四十四,第1164页。西译,见Robert Rotours戴和都, *Le traité des examens:traduit de la Nouvelle histoire des T'ang* (chap. xliv, xlv) (Paris: Librairie Ernest Leroux, Bibliotheque de I'Institut des Hautes Études Chinoises, Vol. II, 1932), pp. 170-171. 不同版本的御注《道德经》,见《道藏》,HY 677、678、679、706。

⑪ 吴庆涛:《襄阳四略》(1900年刊本),卷六,页4b—5a。

⑫ 关于宝符的发现过程和京城举行的庆祝活动,《历代崇道记》的记载长而有趣,见《全唐文》,卷九百三十三,页 7b—8b;可与简短且低调的记载相比较,见郑棨《开天传信记》(《唐代丛书》本),卷一,页 5a;《旧唐书》,卷九,第 215 页。

⑬ 《新唐书》,卷四十四,第 1164 页;西译,见 Robert Rotours 戴何都,*Le traité des examens*, pp. 172-174。

⑭ 《旧唐书》,卷九,第 213 页。

⑮ 《旧唐书》,卷九,第 213 页。

⑯ 上清派道法,详见 Isabelle Robinet 贺碧来, "Randonnées extatiques des taoïstes dans les astres," *Monumenta Serica* 32 (1976), 159-273;以及 *Méditation taoïste* (Paris: Dervy-livres, 1979)。

⑰ 徐灵府:《天台山记》(《大正藏》,第 51 册, no. 2096),页 1054c—1055a。《天台山记》写于九世纪初,其所记司马承祯应召入京事,比新旧《唐书》包含了更多细节。

⑱ 司马承祯,详见 P. W. Kroll 柯睿, "Szu-ma Ch'eng-chen in T'ang Verse," *Society for the Study of Chinese Religions Bulletin* 6 (Fall 1978),16-30。

⑲ 《孟浩然集》(《四部丛刊》本),卷一,页 1b—2a。

⑳ 见《文选》(香港:商务印书馆 1973 年版),卷十一,第 223—227 页;英译,见 Richard Mather 马瑞志, "The Mystical Ascent of the T'ien-t'ai Mountains: Sun Ch'o's Yu-T'ien-t'ai-shan Fu," *Monumenta Serica* 20 (1961), 226-245。

㉑ 《孟浩然集》,卷一,页 7b—8a。

㉒ 见 Richard Mather 马瑞志, "The Mystical Ascent of the T'ien-t'ai Mountains: Sun Ch'o's Yu-T'ien-t'ai-shan Fu," *Monumenta Serica* 20 (1961), 232。

㉓ 《孟浩然集》,卷三,页 4b—5a。

㉔ 陶弘景:《真诰》(《道藏》,HY1010),卷二,页 6a。

㉕ 《孟浩然集》,卷三,页 12a。

㉖ 高诱:《淮南子注》(台北:世界书局 1962 年版),卷十二,第 205 页。

㉗ 如李白《天台晓望》,见《全唐诗》,卷一百八十,第 1834 页。

㉘ 《孟浩然集》,卷一,页 11a/b。诗歌标题据《全唐诗》。

㉙ 紫微星座及其四邻星座，详见 Edward Schafer 薛爱华, *Pacing the Void: T'ang Approaches to the Stars* (Berkeley: University of California Press, 1977), pp. 45-47。

㉚《远游》："造旬始而观清都。"见《楚辞集注》(台北：万国图书公司1956版)，第一册，第139页；全诗英译，见David Hawkes大卫·霍克斯, *Ch'u tz'u: The Songs of the South* (Boston: Beacon Press, 1962), pp. 81-87; 诗歌的道家性质，英译和评论，见Joseph Needham李约瑟 and Lu Gwei-djen鲁桂珍, *Science and Civilisation in China, Vol. 5: Chemistry and Chemical Technology, Part II: Spagyrical Discovery and Invention: Magisteries of Gold and Immortality* (Cambridge: Cambridge University Press, 1974), pp. 98-103。

㉛《文选》，卷二十一，第460页。

㉜《孟浩然集》，卷四，页6b。

㉝ 即《宿扬子津寄润州长山刘隐士》："心驰茅山洞，目极枫树林。"见《孟浩然集》，卷一，页14a。

㉞ Isabelle Robinet 贺碧来, "Randonees extatiques des taolstes dans les astres", *Monumenta Serica* 32 (1976), p. 221.

㉟《全唐诗》，卷五十五，第671页。

㊱ 王勃《山居晚眺赠王道士》，见《全唐诗》，卷五十六，第677页。

㊲ 杨炯《和刘侍郎入隆唐观》，见《全唐诗》，卷五十，第616页。

㊳《孟浩然集》，卷三，页1b—2a。

㊴ 杜光庭：《洞天福地岳渎名山记》(《道藏》，HY599)，卷一，页8b。

㊵ 见《文选》，卷二十一，第461页。

㊶ 如王绩（？—644）《游仙》其三，见《全唐诗》，卷三十七，第483页；杨炯《和刘侍郎入隆唐观》，见《全唐诗》，卷五十，第616页；杨炯《和辅先入昊天观星瞻》，见《全唐诗》，卷五十，第617页；苏颋（670—727）《幸白鹿观应制》，见《全唐诗》，卷七十三，第800页。

㊷《文苑英华》(中华书局1966版)，卷二百二十五，页10b—11a。但特别是王维《桃源行》明确称桃花源居民为"仙"："初因避地去人间，及至成仙遂不还。"见《全唐诗》，卷一百二十五，第1258页。王维此诗，《文

苑英华》归入"仙道"类,见《文苑英华》,卷三百三十二,页 2b—3a。

㊸《孟浩然集》,卷三,页 6b。

㊹ 见 Isabelle Robinet 贺碧来, *Les commentaires du Tao Tö King jusqu'au VIIe siècle* (Paris: Collège de France, Memoires de I'Institut des Hautes Etudes Chinoises, Vol. V, 1976), pp. 168-169; Anna Seidel 石秀娜, *La divinisation de Lao Tseu dans Ie taoïsme des Han* (Paris: Publications de I'École française d'Extrême-Orient, 1969), p. 62, n. 1, and p. 84.

㊺ 司马承祯《坐忘论》,见《全唐文》,卷九百二十四,页 1b-15a;另见《道藏》,HY1030。

第八章　尾声

　　本书旨在细致考察孟浩然诗歌一些较为重要的方面,并再现他生活的那个世界的一些文化、地理、历史特点。863年,孟浩然去世一百多年后,皮日休在一篇文章中写道,在玄宗盛世的众多诗人中,只有孟浩然能毫无愧色地与李白、杜甫两位典范诗人并驾齐驱。①由于皮日休是襄阳人,年轻时曾效仿孟浩然隐居鹿门山,他的看法有所偏袒是可以原谅的。皮日休还写诗比较过孟浩然、李白诗的不同特点:

　　　　李宽包堪舆,孟澹拟漪涟。②

这似乎是对两位诗人的公允评价,虽说是印象式批评。孟浩然作为诗人的独特之处,不在于其作品的广度或范围,而在于他诗中显而易见的精准的细节和动人的体贴。真的是极其容易被他吸引。

　　除皮日休外,还有很多九世纪诗人表达过对孟浩然其人其诗的倾慕之情,这类表达往往出现在拜访孟浩然墓地或其鹿门旧居时写的诗中。写过致敬孟浩然诗作的有陈羽(约805年在世)③、施肩吾(815年进士)[编者注:《辞海》为(820)]④、朱庆馀

（826年进士）⑤、张祜（？—约835）[编者注：《辞海》为（约785—约852）]⑥、唐彦谦（880年在世）⑦、齐己（880年在世）⑧、贯休（832—912）⑨、罗隐（833—909）[编者注：《辞海》为（833—910）]⑩、张蠙（895年进士）⑪。孟浩然墓在凤凰山南，在他去世后五十年间失修破败。襄阳节度使樊泽（742—798）[编者注：《辞海》为（749—798）]下令重修⑫；从唐彦谦、罗隐的诗歌来看，重修的诗人墓在一百年后依然存在。

这些诗人以及其他悼念孟浩然的游客，大概还会在"孟亭"驻足。孟亭是一个与襄阳刺史官邸相连的亭阁。740年孟浩然去世后不久，王维路过襄阳，他在亭阁的一面墙上画了孟浩然的像，于是亭子被改名，以表示对诗人的敬意。⑬

遗憾的是，我们没有王维这幅画像的更多信息。但王维所画的另一幅孟浩然帛画，我们可以找到很生动的记载，这非常有趣。十二世纪文人葛立方（？—1164）称他在毗陵（今江苏武进）孙润夫家中见过这幅画，"绢素败烂，丹青已渝"。⑭葛立方还说，画上有两篇题识，一为王维所题，称他作画的灵感源于听孟浩然诵读他自己的优美诗句，一为十世纪文人张洎（933—996）[编者注：《辞海》为（934—997）]所题，描述了王维的画作本身。张洎先是提到了这幅画的标题（《襄阳吟诗》），称赞了王维的笔法，接着写道：

> 襄阳之状，颀而长，峭而瘦。衣白袍，靴帽（比较正式的帽子，不是普通的头巾）重戴，乘款段马，一童总角，提书笈，负琴而从。风仪落落，凛然如生。⑮

这幅画早已失传。但值得庆幸的是,画中人有这么多诗保存至今。这些诗是孟浩然才华的真实写照,甚至还告诉了我们这个独特灵魂的典型风格和生命活力。

注　释

① 皮日休《郢州孟亭记》:"明皇世,章句之风,大得建安体,论者推李翰林、杜工部为之尤,介其间能不愧者,唯吾乡之孟先生也。"见《全唐文》(台北:大东书局1979版),卷七百九十七,页3b—4a。
② 皮日休:《鲁望昨以五百言见贻》,见《全唐诗》(台北:明伦出版社1971版),卷六百九,第7024页。
③ 陈羽:《襄阳过孟浩然旧居》,见《全唐诗》,卷三百四十八,第3896页。
④ 施肩吾:《登岘亭怀孟生》,见《全唐诗》,卷四百九十四,第5593页。这首怀人绝句作于登岘山时。
⑤ 朱庆馀:《过孟浩然旧居》,见《全唐诗》,卷五百一十五,第5882页。
⑥ 张祜:《题孟浩然宅》,见《全唐诗》,卷五百一十一,第5836—5837页。
⑦ 唐彦谦:《忆孟浩然》,见《全唐诗》,卷六百七十一,第7668页;《过浩然先生墓》,见《全唐诗》,卷六百七十一,第7672页。
⑧ 齐己:《过鹿门》,见《全唐诗》,卷八百三十九,第9466页。
⑨ 贯休:《经孟浩然鹿门旧居二首》,见《全唐诗》,卷八百三十,第9352页。
⑩ 罗隐:《孟浩然墓》,卷六百五十七,第7554页。
⑪ 张蠙:《吊孟浩然》,见《全唐诗》,卷七百二,第8072—8073页。
⑫ 《新唐书》(北京:中华书局,1975),卷二百三,第5779—5780页。孟浩然墓的破败状况,似乎意味着当时孟家已无后代或迁离襄阳。
⑬ 王维画孟浩然像后,亭名改称"浩然亭"。863年,襄阳刺史(在皮日休的推动下)改"浩然亭"为"孟亭",因为公共场合书名不够尊重。见《新唐书》,卷二百三,第5780页;皮日休:《郢州孟亭记》,见《全唐文》,卷七百九十七,页3b—4a。
⑭ 这幅画像有没有可能就是十二世纪初宋徽宗皇帝收藏的那幅《写孟浩然

真》? 见《宣和画谱》(《丛书集成》本), 卷十, 第 263 页。如果是同一幅画, 那它从那时起就"不获"了。或者, 它更有可能是原画的摹本。
⑮ 葛立方:《韵语阳秋》(明刊本), 卷十四, 页 2b—3a。

参考书目

原始文献

一、孟浩然诗歌主要版本

（一）前现代

[1]《全唐诗》,"孟浩然",卷一百五十九至卷一百六十,第1617—1669页。

[2]《孟浩然集》,《四部丛刊》影印明四卷本,本书所引孟诗均以此本为底本。

[3]《孟浩然诗集》,顾道洪1576年刻三卷本（简称"顾本"）,以三个早期版本为基础,藏台北图书馆。

[4]《孟襄阳集》,毛晋（1599—1659）刻三卷本（简称"毛本"）,集注本,以三个早期版本为基础,1924年上海东亚书局出版,美国国会图书馆东方部（the Rare Book Collection of the Library of Congress, Orientalia Division）藏有抄本。

[5]《宋本孟浩然诗集三卷》,今存孟诗最早版本,宋三卷本（简称"宋本"）,1801年黄丕烈重刊,1935年天津陶湘影印出版。

[6]此外,孟诗也被几部早期选本收录,其中最重要的是十世纪的《文苑英华》(本书注释也经常提及此书）,共收孟诗92首。

（二）现代

[7]萧继宗：《孟浩然诗说》,台北：商务印书馆,1969。一些注解有意思,但校勘有欠缺。

[8]游信利：《孟浩然集笺注》,台北：嘉新水泥公司文化基金会,1968。最全最

好的今人注本,但印刷错误不少,需仔细对勘《四部丛刊》本。

二、前现代中文原典

[1]《战国策》,国学基本丛书,台北:商务印书馆,1967。

[2] 李渤(805年在世):《真系》,收入《云笈七签》,《道藏》,HY1026。

[3] 陶弘景(456—536):《真诰》,《道藏》,HY1010。

[4] 房玄龄(578—648)[编者注:《辞海》为(579—648)]等:《晋书》,北京:中华书局,1974。

[5] 宗懔(500?—563?)撰、杜公瞻(约600年在世)校:《荆楚岁时记》,《四部备要》本。

[6] 刘昫(887—946)[编者注:《辞海》为(888—947)]等:《旧唐书》,北京:中华书局,1975。

[7]《周易注疏》,《四部备要》本。

[8] 徐坚(659—729)等:《初学记》,台北:鼎文书局,1976。

[9] 朱熹(1130—1200):《楚辞集注》,台北:万国图书公司,1956。

[10] 丁福保(1874—1952):《全汉三国晋南北朝诗》,台北:艺文印书馆,1968。

[11] 曹寅(1658—1712)等:《全唐诗》,台北:明伦出版社,1971。

[12] 董诰(1740—1818)等:《全唐文》,台北:大东书局,1979。

[13] 班固(32—92):《汉书》,北京:中华书局,1975。

[14] 殷璠(753年在世):《河岳英灵集》,《四部丛刊》本。

[15] 范晔(398—445)[编者注:《辞海》为(398—446)]:《后汉书》,北京:中华书局,1974。

[16]《襄阳府志》,1760年刊本。

[17]《襄阳府志》,1886年刊本。

[18]《襄阳县志》,1873年刊本。

[19] 吴庆涛(19世纪末):《襄阳四略》,1900年杭州刊本。

[20] 欧阳修(1007—1072)等:《新唐书》,北京:中华书局,1975。

[21]《宣和画谱》,1119—1126年间成书,《丛书集成》本。

[22] 高诱（200年在世）：《淮南子注》，台北：世界书局，1962。

[23] 元好问（1190—1257）：《遗山先生文集》，《四部丛刊》本。

[24] 欧阳询（557—641）等：《艺文类聚（附索引类书十种）》，台北：文光出版社，1974。

[25] 郑棨（？—899）：《开天传信记》，《唐代丛书》本。

[26] 王仁裕（880—956）：《开元天宝遗事》，《唐代丛书》本。

[27] 皇甫谧（215—282）：《高士传》，《四部备要》本。

[28]《古今图书集成》，1726年刊本，台北：鼎文书局，1977年影印。

[29] 李肇（813年在世）：《国史补》，见《唐国史补·因话录》，上海：上海古籍出版社，1978。

[30]《礼记》，《四部备要》本。

[31] 杜光庭（850—933）：《历代崇道记》，见《全唐文》，卷九百三十三，另见《道藏》，HY593。

[32] 吴景旭（17世纪）：《历代诗话》，上海：中华书局，1960。

[33] 张湛（4世纪）注：《列子》，约三世纪成书，台北：艺文印书馆，1971。

[34] 陈舜俞（11世纪）：《庐山记》，《大正藏》，第51册，no. 2095。

[35] 李延寿（629年在世）等：《南史》，北京：中华书局，1975。

[36] 孙光宪（？—968）[编者注：《辞海》为（约859—968）]：《北梦琐言》，1756年刊本。

[37] 陈寿（233—297）：《三国志》，北京：中华书局，1973。

[38] 司马迁（前145？—前90？）[编者注：《辞海》为（约前145或前135—？）]：《史记》，北京：中华书局，1972。

[39] 刘义庆（403—444）：《世说新语》，《四部丛刊》本。

[40]《十通》，台北：新兴书局，1963。

[41] 郦道元（？—527）[编者注：《辞海》为（约470—527）]：《水经注》，台北：世界书局，1962。

[42] 丁福保（1874—1952）：《说文解字诂林》，台北：商务印书馆，1976。

[43] 沈约（441—512）[编者注：《辞海》为（441—513）]：《宋书》，北京：

中华书局，1974。

[44] 李昉（925—996）等：《太平御览》，台北：商务印书馆，1968。

[45]《大正新修大藏经》/《大正藏》，正、续藏共85册，台北：新文丰出版公司，1975。

[46] 王定保（870—954）[编者注：《辞海》为（870—941）]：《唐摭言》，上海：上海古籍出版社，1978。

[47] 王溥（922—982）：《唐会要》，《丛书集成》本。

[48]《唐人选唐诗十种》，香港：中华书局，1958。

[49] 徐松（1781—1848）：《唐两京城坊考》，《丛书集成》本。

[50]《唐代丛书》，1806年刊本。

[51] 辛文房(1304年在世)：《唐才子传》，台北：广文书局，1969。

[52]《（正统）道藏》，60册，台北：艺文印书馆，1977。

[53] 徐松（1781—1848）：《登科记考》，1838年刊本。

[54] 徐灵府（9世纪初）：《天台山记》，《大正藏》，第51册，no. 2096。

[55] 韦縠（10世纪）：《才调集》，收入《唐人选唐诗十种》。

[56] 王钦若（962—1025）等：《册府元龟》，台北：中华书局，1972。

[57] 郑樵（1104—1162）：《通志》，《十通》本。

[58] 杜佑（735—812）：《通典》，《十通》本。

[59] 杜光庭(850—933)：《洞天福地岳渎名山记》，《道藏》，HY599。

[60] 司马光（1019—1086）等：《资治通鉴》，北京：中华书局，1976。

[61] 赵殿成（1683—1756）[编者注：《辞海》为（1683—1743）]：《王摩诘全集笺注》，台北：世界书局，1956。

[62] 萧统（501—531）：《文选》，国学基本丛书，香港：商务印书馆，1973。

[63] 李昉（925—996）等：《文苑英华》，北京：中华书局，1966。

[64] 王象之(12世纪)：《舆地纪胜》，1855年刊本。非常重要的南宋地理志。

[65] 庾信（513—581）撰、倪璠（1711年在世）注：《庾子山集注》，《四部备要》本。

[66] 张英（1638—1708）[编者注：《辞海》为（1637—1708）]等：《渊鉴

类函》,台北:新兴出版社,1978。

[67] 郭茂倩(12世纪):《(宋本)乐府诗集》,台北:世界书局,1961。

[68]《云笈七签》,《道藏》,HY1026。中古时期道教类书,成书于十一世纪。

[69] 葛立方(?—1164):《韵语阳秋》,明刊本。

二手文献

一、今人论著(东方语言)

[1] 陈贻焮:《谈孟浩然的隐逸》,《唐诗研究论文集》(北京:人民文学出版社,1959),第46—52页。

[2] 陈贻焮:《孟浩然事迹考辨》,《文史》1965年第四辑,第41—74页。相关论题研究得最彻底,但某些方面仍是尝试性的。

[3] 陈寅恪:《武曌与佛教》,《陈寅恪先生论文集》(台北:九思出版社,1977),第421—436页。

[4]《庄子引得》(*Chuang tzu, A Concordance to*),Harvard-Yenching Institute Sinological Index Series(哈佛燕京学社汉学引得丛刊),Supplement No. 20. Cambridge, Mass.: Harvard University Press, 1956。

[5] 平冈武夫:《长安与洛阳》,京都:日本京都大学人文科学研究所,1956。广收唐代两京建筑和历史文献。

[6] 徐益棠:《襄阳与寿春在南北战争中之地位》,《中国文化研究汇刊》1948年第八卷,第53—64页。讨论两个城市的战略地理位置。

[7] 郭沫若:《李白与杜甫》,北京:人民文学出版社,1972。

[8] 李长之:《道教徒的诗人李白及其痛苦》,香港:商务印书馆,1940。

[9] 刘甲华:《河岳诗人孟浩然》,《唐诗研究论集》(香港:崇文书局,1971),第14—23页。总体上不加批判,比较轻信。

[10] 刘开扬:《论孟浩然和他的诗》,《唐诗论文集》(上海:中华书局,1961),第29—41页。

[11] 罗香林:《唐代文化史》,台北:商务印书馆,1955。精彩的专题论文集。

[12] P. W. Kroll 柯睿 and Joyce Wong Kroll:《孟浩然诗歌索引》(*Meng Hao-jan, Concordance to the Poems of*),San Francisco: Chinese Materials Center,

Inc., 1981。以《四部丛刊》本孟集为底本。

[13] 宫川尚志：《六朝史研究：宗教篇》，京都：平乐寺书店，1977。详细考察了六朝文化的宗教方面。

[14] 水野弘元：《禅宗成立以前のシナの禅定思想史序说》，《驹泽大学研究纪要》15.3 (1957)，第15—54页。

[15] 中村元：《佛教语大辞典》，东京：东京书籍出版社，1975。

[16] 小尾郊一：《中国文学に现れた自然と自然观：中世文学を中心として》，东京：岩波书店，1962。六朝、初唐诗文与山水的研究专著。

[17] 小尾郊一：《六朝文学的山水观》，《中国文学报》1958年第8期，第79—94页。文章写得较早，论题较集中，但一些材料未被收入作者1962年的专著。

[18] 铃木修次：《唐代诗人论》，东京：凤出版，1973。关于唐代最著名诗人生活作品的优秀著作。

[19] 田口畅穗：《孟浩然における陶渊明の像 —— 最嘉陶征君》，《中国古典研究》1975年第20期，第22—32页。另外也讨论了孟浩然用的羊祜、支遁典，以及他整体上如何使用人物典故。

[20] 谷口明夫：《孟浩然事迹考 —— 上京应试をめぐって》，《中国中世文学研究》1976年第11期，第48—65页。孟浩然这段经历最彻底、最令人信服的研究。

[21]《杜诗引得》(*TuFu, A Concordance to the Poems of*), Harvard-Yenching Institute Sinological Index Series（哈佛燕京学社汉学引得丛刊）, Supplement No. 14. Cambridge, Mass.: Harvard University Press, 1940。

[22] 京都大学中国语学中国文学研究室：《王维诗索引》，京都：采华书林，1952。

[23] 斯波六郎等：《文选索引》，台北：正中书局，1971。

[24] 闻一多：《唐诗杂论·孟浩然》，《闻一多全集》（上海：开明书店，1948）第三册，第31—35页。盛赞孟浩然，很有说服力。

[25] 杨承祖：《张九龄年谱（附论五种）》，台北：台湾大学文学院，1964。

[26] 吉川幸次郎：《新唐诗选》，东京：岩波书店，1974, XI, 第44—163页。

二、外文研究论著

［1］BINGHAM, WOODBRIDGE 宾板桥. *The Founding of the Tang Dynasty: The Fall of Sui and the Rise of Tang*（《唐朝的建立：隋亡唐兴初探》）. Baltimore: Waverly Press, 1941. 初唐历史入门书。

［2］BIRCH, CYRIL 白之, ed. *Anthology of Chinese Literature, from Early Times to the Fourteenth Century*（《中国文学选集》）. New York: Grove Press, 1967.

［3］BODDE, DERK 卜德, *Festivals in Classical China: New Year and Other Annual Observances during the Han Dynasty, 206 B. C.—A.D. 220*（《古代中国的节日：汉代［前206—220］的新年和其他年庆活动》）. Princeton: Princeton University Press, 1975.

［4］BODDE, DERK 卜德, "Marshes in *Mencius* and Elsewhere: A Lexicographical Note"（《〈孟子〉等书中的"泽"字义释》）, in *Ancient China: Studies in Early Civilization*（《古代中国论文集》）, ed. D. Roy 芮效卫 and T. H. Tsien 钱存训 (Hong Kong: The Chinese University Press, 1978), pp. 157-166.

［5］BOODBERG, PETER A. 卜弼德, "Cedules from a Berkeley Workshop in Asiatic Philology"（《伯克利亚洲语文学工作坊日程》）, 1954年7月1日—1955年12月20日油印本，其中绝大部分内容近来收入 *Selected Works of Peter A. Boodberg*（《卜弼德选集》）, comp. A. Cohen 柯文 (Berkeley: University of California Press, 1979), pp. 173-220.

［6］BRYANT, DANIEL JOSEPH 白润德. "The High T'ang Poet Meng Hao-jan: Studies in Biography and Textual History"(Unpublished Ph.D. dissertation, University of British Columbia, 1977)（《盛唐诗人孟浩然：生平事迹与作品版本研究》），未刊博士论文，前半部分深入研究了孟诗的所有版本，附录部分有孟诗英译，但没有任何注解或讨论。

［7］CHANG, H. C. 张心沧, *Chinese Literature 2, Nature Poetry*（《中国文学：山水诗》）. New York: Columbia University Press, 1977. 使用时应非常小心。

［8］CH'EN, KENNETH 陈观胜, *Buddhism in China: A Historical Survey*（《中国佛教史概论》）. Princeton: Princeton University Press, 1972.

［9］CH'EN, KENNETH 陈观胜, "The Hui-ch'ang Suppression of Buddhism"（《会昌灭佛》）, *Harvard Journal of Asiatic Studies*（《哈佛亚洲研究》）19 (1956), 67-105. 讨论九世纪中叶佛教所受"迫害"。

［10］DAVIS, A. R. "The Double Ninth Festival in Chinese Poetry: A Study of Variations on a Theme"（《中国诗歌中的重阳节：同一主题的不同变奏》）, in *Wen-lin: Studies in the Chinese Humanities*（《文林：中国人文研究》）, ed. Chow Tse-tsung 周策纵 (Madison: University of Wisconsin Press, 1968), pp. 45-64. 讨论重阳节诗的传统主题。

［11］DEMIEVILLE, PAUL 戴密微, "La montagne dans l'art littéraire chinois"（《中国文学艺术中的山》）, *France-Asie*（《法国与亚洲》）183 (1965), 7-32; reprinted in Demieville 戴密微, *Choix d'études sinologiques* (1921—1970)（《汉学论集》）(Leiden: E. J. Brill, 1973), pp. 364-389.

［12］EIDE, ELLING O. 艾龙, "On Li Po"（《论李白》）, in *Perspectives on the T'ang*（《唐代研究面面观》）, ed. Arthur Wright 芮沃寿 and Denis Twitchett 杜希德 (New Haven: Yale University Press, 1973), pp. 367-404. 李白诗歌才华的最好单篇论文,仔细讨论了四首李白诗。

［13］FORTE, ANTONINO 福安敦, *Political Propaganda and Ideology in China at the End of the Seventh Century: Inquiry into the Nature, Authors and Function of the Tunhuang Document S. 6502 followed by an Annotated Translation*（《七世纪末中国的政治宣传和意识形态：敦煌写卷 S.6502 的性质、作者及其功能》）. Naples: Istituto Universitario Orientale, 1976. 关于 690 年呈送武则天的《大云经疏》的详尽研究。

［14］FRANKEL, HANS H. 傅汉思, *Biographies of Meng Hao-jan*（《孟浩然传》）. Berkeley, Chinese Dynastic Histories Translations No.1, 1952, 两《唐书》孟浩然本传英文全译。

［15］FRANKEL, HANS H. 傅汉思, "T'ang Literati: A Composite Biography"（《唐代文人传记》）, in *Confucian Personalities*《儒家人格》, ed. Arthur Wright 芮沃寿 and Denis Twitchett 杜希德 (Stanford：Stanford University Press, 1962), pp. 65-83. 概述《旧唐书·文苑传》中的101篇传记。

[16] FRODSHAM, J. D.傅乐山,"The Origins of Chinese Nature Poetry"(《中国山水诗的起源》), *Asia Major N.S.*(《泰东新刊》)8. 1 (1960), 68-104. 重点讨论四、五世纪。

[17] GRAHAM, A. C.葛瑞汉, trans. *The Book of Lieh-tzu*(《列子》). London: John Murray, 1960.

[18] GRAHAM, A. C.葛瑞汉, "Review of Wai-lim Yip, *Chinese Poetry: Major Modes and Genres (Berkeley, 1976)*"(《叶维廉〈汉诗英华〉书评》), in *Bulletin of the School of Oriental and African Studies*(《亚非学院院刊》) 40.3 (1977), 645-647.

[19] GUISSO. R. W. L. 桂时雨, *Wu Tse-t'ien and the Politics of Legitimation in Tang China*(《武则天与唐代继统政治》). Bellingham, Wash.: Western Washington University, Program in East Asian Studies, 1978. 目前为止武周朝的最好研究论著。

[20] HAWKES, DAVID大卫·霍克斯, trans, *Ch'u Tz'u: The Songs of the South*(《楚辞》). Boston: Beacon Press, 1962.

[21] LE MARQUIS D'HERVY-SAINT-DENYS德理文, trans. *Poésies de l'époque des Thang*(《唐诗》). Paris, 1862. Rpt., Paris: Editions Champ-Iibre, 1977. 唐诗最早的法语翻译之一, 译孟浩然诗两首("Mong-kao-jen")。

[22] HIGHTOWER, JAMES ROBERT海陶玮, trans. *Han-shih Wai-chuan: Han Ying's Illustrations of the Didactic Application of the Classic of Songs*(《韩诗外传》). Cambridge, Mass.: Harvard University Press, 1952.

[23] HOTALING, STEPHEN JAMES. "The City Walls of Han Ch'ang-an"(《汉长安城》), *T'oung Pao*(《通报》) 64. 1-3 (1978), 1-46. 汉代长安城形状与结构的考古证据和文字证据。

[24] HUIZINGA, JOHAN约翰·赫伊津哈. *Erasmus and the Age of Reformation*(《伊拉斯谟与宗教改革》). 由F. Hopman译自荷兰语; 其中, 伊拉斯谟书信选, 由Barbara Flower英译, New York: Harper Torchbooks, 1957.

[25] HUNG, WILLIAM 洪业. *Tu Fu, China's Greatest Poet*《杜甫:中国最伟大的诗人》. Cambridge, Mass.: Harvard University Press, 1952. 诗人生平研究入门书, 以散文体翻译了多首杜诗。

[26] KROLL, PAUL W. 柯睿 "On the Date of Chang Yüeh's Death"（《张说卒年考》）, *Chinese Literature: Essays, Articles, Reviews*（《中国文学论文集》）2.2 (July 1980), 264-265. 主张张说卒于 731 年，而非 730 年。

[27] KROLL, PAUL W. 柯睿 "The Quatrains of Meng Hao-jan"（《孟浩然的绝句》）, *Monumenta Serica*（《华裔学志》）31 (1974-75), 344-374. 孟浩然绝句研究，尤重诗歌的音韵模式。

[28] KROLL, PAUL W. 柯睿 "Szu-ma Ch'eng-chen in T'ang Verse"（《唐诗中的司马承祯》）, *Society for the Study of Chinese Religions Bulletin*（《中国宗教研究会会刊》）6 (Fall 1978), 16-30. 这位著名道士在当时诗歌中的形象。

[29] KROLL, PAUL W. 柯睿 "Wang Shih-yüan's Preface to the Poems of Meng Hao-jan"（《王士源〈孟浩然集序〉》）, 即出, in *Monumenta Serica*（《华裔学志》）34(1979), 349-369. 全文翻译了这篇重要文献。

[30] LEGGE, JAMES 理雅各, trans. *The Chinese Classics*（《中国经典》）. London, 1865-1893. Rpt., Hong Kong: Oxford University Press, 1960.

[31] LEGGE, JAMES 理雅各, trans. *Li Chi, Book of Rites*（《礼记》）, ed. C. Chai and W. Chai. New York: University Books, 1967.

[32] MASPERO, HENRI 马伯乐. *Le Taoïsme et les religions chinoises*（《道教与中国宗教》）. Paris: Gallimard, 1971. Reprints of Maspero's (1883—1945) classic studies.

[33] MATHER, RICHARD B. 马瑞志, "The Landscape Buddhism of the Fifth-Century Poet Hsieh Ling-yün"（《五世纪诗人谢灵运的山水佛教思想》）, *The Journal of Asian Studies*（《亚洲研究》）18. 1 (1958), 67-79.

[34] MATHER, RICHARD B. 马瑞志, "The Mystical Ascent of the T'ien-t'ai Mountains: Sun Ch'o's Yu-T'ien-t'ai-shan Fu"（《孙绰〈游天台山赋〉》）, *Monumenta Serica*（《华裔学志》）20 (1961), 226-245. 译注孙绰全文。

[35] MATHER, RICHARD B. 马瑞志, trans. *Shih-shuo hsin-yü: A New Account of Tales of the World*（《世说新语》）. Minneapolis: University of Minnesota Press, 1976. 精彩的全译本，还翻译了很多传统评注，几篇附录也很有价值。

[36] MILLER, JAMES WHIPPLE. "English Romanticism and Chinese Nature

Poetry"(《英国浪漫主义与中国山水诗》), *Comparative Literature*(《比较文学》) 24.3 (Summer 1972), 216-236. 把孟浩然作为中国"山水诗人"的代表，翻译孟诗10首，错误较多。

[37] MOULE, A. C. 慕阿德, "The Bore on the Ch'ien-t'ang River in China" (《中国钱塘江潮》), *T'oung Pao*(《通报》) 22 (1923), 135-188. 收集了这一令人惊叹的自然现象的很多相关信息，附有大量参考书目。

[38] NEEDHAM, JOSEPH 李约瑟, and LU Gwei-djen 鲁桂珍. *Science and Civilisation in China, Vol. 5: Chemistry and Chemical Technology, Part II: Spagyrical Discovery and Invention: Magisteries of Gold and Immortality*(《中国科学技术史[第5卷]化学及相关技术[第2分册]炼丹术的发明和发现：金丹与长生》). Cambridge: Cambridge University Press, 1974. 讨论中国"炼丹术"的术语、技术和设备。

[39] NIENHAUSER, WILLIAM H., JR. 倪豪士, *P'i Jih-hsiu* (《皮日休》). Boston: Twayne Publishers, 1979. 皮日休研究的第一部西语专著。

[40] RICHÉ, PIERRE. *Daily Life in the World of Charlemagne*(《查理曼大帝时期的日常生活》). 由J. McNamara 译自法语. Philadelphia: University of Pennsylvania Press, 1978.

[41] ROBINET, ISABELLE 贺碧来. *Les commentaires du Tao Tö King jusqu'au VIIe siècle*(《七世纪为止的〈道德经〉注本》). Paris: Collège de France, Memoires de l'Institut des Hautes Etudes Chinoises, Vol. V, 1976. 初唐为止的《老子》注本研究，特别强调"重玄"(repeated mysticizing)阐释传统。

[42] ROBINET, ISABELLE 贺碧来. *Méditation taoïste*(《道教"存思"》). Paris: Dervy-livres, 1979. 上清派存思法的出色研究。

[43] ROBINET, ISABELLE 贺碧来. "Randonnées extatiques des taoïstes dans les astres"(《道士的星际神游》), *Monumenta Serica*(《华裔学志》) 32 (1976), 159—273. 详细研究道士游天。

[44] DES ROTOURS, ROBERT 戴何都. *Le traité des examens:traduit de la Nouvelle Histoire des T'ang (chap. xliv, xlv)*(《新唐书选举志译注》). Paris: Librairie Ernest Leroux, Bibliotheque de l'Institut des Hautes Études Chinoises,

Vol. II, 1932.《新唐书·选举志》全文译注。

[45] RUST, AMBROS. *Meng Hao-jan (691-740), Sein Leben und religiöses Denken nach seinen Gedichten*(《孟浩然：从他的诗歌看他的生活和宗教思想》). Ingenbohl: Theodosius-Buchdruckerei, 1960. 研究相当粗浅，很多说法纯属推论。

[46] SCHAFER, EDWARD H. 薛爱华,"The Capeline Cantos: Verses on the Divine Loves of Taoist Priestesses,"(《女冠诗：女道士的神圣爱情诗》)*Asiatische Studien/Etudes Asiatiques*(《亚洲研究》), 32. 1(1978), 5-65.

[47] SCHAFER, EDWARD H. 薛爱华, *The Divine Woman: Dragon Ladies and Rain Maidens in T'ang Literature*(《神女：唐代文学中的龙女与雨女》). Berkeley: University of California Press, 1973.

[48] SCHAFER, EDWARD H. 薛爱华, *The Golden Peaches of Samarkand: A Study of T'ang Exotics*(《撒马尔罕的金桃：唐代舶来品研究》). Berkeley: University of California Press, 1963.

[49] SCHAFER, EDWARD H. 薛爱华,"The Last Years of Ch'ang-an"(《长安的最后岁月》), *Oriens Extremus*(《远东》)10.2 (Oct. 1963), 133-179.

[50] SCHAFER, EDWARD H. 薛爱华, *Mao Shan in T'ang Times*(《唐代的茅山》). Society for the Study of Chinese Religions, Monograph No. 1, 1980.

[51] SCHAFER, EDWARD H. 薛爱华, *Pacing the Void: T'ang Approaches to the Stars*(《步虚：唐代奔赴星辰之路》). Berkeley: University of California Press, 1977.

[52] SCHAFER, EDWARD H. 薛爱华, *The Vermilion Bird: T'ang Images of the South*(《朱雀：唐代的南方意象》). Berkeley: University of California Press, 1967.

[53] SEIDEL, ANNA K. 石秀娜. *La divinisation de Lao Tseu dans le taoïsme des Han*(《汉代道教对老子的神化》). Paris: Publications de l'École française d'Extrême-Orient, 1969. 深入研究东汉时期道教对老子的神化。

[54] SEIDEL, ANNA K. 石秀娜. "The Image of the Perfect Ruler in Early Taoist Messianism: Lao-tzu and Li Hung"(《早期道教救世思想中的真君形象：老子与

李弘》), *History of Religions*(《宗教史》)9.2-3 (Nov. 1969/Feb. 1970), 216-247.

[55] SITWELL, SACHEVERELL. *The Hunters and the Hunted*(《猎人与猎物》). London: Macmillan & Co., 1947.

[56] STRICKMANN, MICHEL 司马虚. "The Mao Shan Revelations; Taoism and the Aristocracy"(《茅山神启：道教与贵族制》), *T'oung Pao*(《通报》) 63.1 (1977), 1-64. "茅山"派早期历史的里程碑式研究。

[57] STRICKMANN, MICHEL 司马虚. "On the Alchemy of T'ao Hung-ching"(《陶弘景的炼丹术》), in *Facets of Taoism: Essays in Chinese Religion*(《道教面面观：中国宗教论文集》), ed. Holmes Welch 尉迟酣 and Anna Seidel 石秀娜 (New Haven: Yale University Press, 1979), pp. 123-192. 深入讨论了一位早期茅山宗师的炼丹活动。

[58] *Sunflower Splendor: Three Thousand Years of Chinese Poetry*(《葵晔集：三千年中国诗歌》), ed. Wu-chi Liu 柳无忌 and Irving Yucheng Lo 罗郁正. Bloomington, Ind.: Indiana University Press, 1975.

[59] WATSON, BURTON 华兹生, trans. *Courtier and Commoner in Ancient China: Selections from the History of the Former Han by Pan Ku*(《古代中国的臣民：班固〈汉书〉选译》). New York: Columbia University Press, 1974.

[60] WATSON, BURTON 华兹生, trans. *Records of the Grand Historian of China: Translated from the Shih chi of Ssu-ma Ch'ien*(《司马迁〈史记〉选译》). New York: Columbia University Press, 1968.

[61] WEINSTEIN, STANLEY 斯坦利·威斯坦因. "Imperial Patronage in the Formation of T'ang Buddhism"(《皇室扶持与唐代佛教》), in *Perspectives on the T'ang*(《唐代研究面面观》), ed. Arthur Wright 芮沃寿 and Denis Twitchett 杜希德 (New Haven: Yale University Press, 1973), pp. 265—306. 重点研究七世纪。

[62] WILHELM, RICHARD 卫礼贤. *Die Chinesische Literatur*(《中国文学》). Wildpark-Potsdam: Akademische Verlagsgesellschaft, Athenaion, 1926. 早期中国文学通史，有很多插图。

[63] WILHELM, RICHARD 卫礼贤. trans. *The I Ching*(《易经》). 由贝恩斯（C. Baynes）转译自德译本. Princeton: Princeton University Press, 1970.

［64］YAMPOLSKY, PHILIP B. 扬波尔斯基, *The Platform Sutra of the Sixth Patriarch: The Text of the Tun-huang Manuscript, Translated, with Notes*（《敦煌写本〈六祖坛经〉译注》）. New York: Columbia University Press, 1967.《六祖坛经》的最好译本，也是八世纪禅宗的优秀入门书。

［65］YULE, HENRY 亨利·玉尔, and CORDIER, HENRI 亨利·考狄. *The Book of Ser Marco Polo the Venetian, Concerning the Kingdoms and Marvels of the East*（《威尼斯人马可·波罗阁下关于东方诸国奇事之书》）. 修订第三版. New York: Charles Scribner's Sons, 1929.《马可·波罗游记》最可靠的全译本。

［66］ZURCHER, EMIL 许理和, *The Buddhist Conquest of China: The Spread and Adaptation of Buddhism in Early Medieval China*（《佛教征服中国：佛教在中国中古早期的传播与适应》）. 修订再版，Leiden: E. J. Brill, 1972. 早期中国佛教研究入门书，特别是佛教与贵族制的关系。

后记

　　1981年这本小书出版的时候，美国的唐代文学研究正在起步。宇文所安（Stephen Owen）的《盛唐诗》也在这一年出版，和四年前的《初唐诗》一起，标志着美国学者全面研究唐诗的开始。与此同时，研究唐代诗人的专著也陆续问世，宇文所安在1977年出版了《孟郊和韩愈的诗歌》，余宝琳（Pauline Yu）和魏玛莎（Marsha Wagner）也在1980和1981年分别出版了《王维诗：新的翻译和注释》和《王维》。不过，关于孟浩然的研究还很少，除了本书作者发表的一篇论文，就只有加拿大英属哥伦比亚大学的白润德（Daniel Bryant）1978年完成的博士论文《盛唐诗人孟浩然：生平和版本的研究》。

　　柯睿的《孟浩然》是英语世界中的第一本孟浩然评传，由特怀恩出版社（Twayne Publisher）放在"世界作家丛书"中出版。这套丛书为英语读者提供英语以外的世界文学概览，在二十世纪60—80年代刊行的十几年间，出版了三十几位中国作家的评传，既包括杜甫、王维、李清照、苏轼这样的古代作家，也包括萧红、巴金、沈从文等现代作家。《孟浩然》就是其中的一种。

　　柯睿出生于1948年，1976年于美国密歇根大学获中国文学博士学位后在弗吉尼亚大学任教三年，之后在科罗拉多大学博尔德分校从事教学和研究工作，2019年退休。他研究汉末至唐代的文学、语言、历史和宗教，对中国诗歌尤其是李白和中古道教的研究在欧美汉学界有相当广泛的影响。他曾经担任美国东方学会主席，以及《通报》《美国东方学会杂志》《唐学报》等学术期刊的主编。他的著作中，《李白与中古宗教文学研究》《中古中国的文学与文化史》都有中译本，也有部分论文的中译收在《舞马与驯鸢：柯睿自选集》中。《孟浩然》是柯睿的第一本书，出版时他33岁。此前几年，他在《华裔学志》（Monumenta Serica）发表了一篇论文，讨论孟浩然的绝句，特怀恩出版社的编辑就是因为看到这篇论文所以约请他写这本书的。

和一般的评传不同，《孟浩然》不是按时间顺序讲述作家的一生，而是按诗歌主题介绍诗人的作品和他的灵感来源，尤其是历史地理和宗教人文环境。这本书也是第一本认真研究孟浩然诗的英文专著，打破了英语读者对孟诗的刻板印象。传统评论家认为，孟浩然和王维是唐朝两位最杰出的山水诗人，而柯睿提出，孟浩然不是，或者说不仅仅是山水诗人。柯睿把孟浩然的全部诗歌放在文化和地理的背景中考察，比如他的家乡襄阳，旅行和交游，他与佛教和道教的关系，以便更完整、深入地理解孟浩然的诗，同时再现他生活的那个世界的文化、地理和历史特点。柯睿翻译了90多首孟诗，改变了之前的诗人、学者反复翻译孟浩然最知名的那几首山水诗的状况，使英语读者有机会接触到诗人各种题材的作品，从而更好地感知孟诗的多样性。在分析诗歌的时候，柯睿有不少敏锐的观察。比如，他通过统计词汇的使用率来比较王维和孟浩然的山水诗，发现两位诗人在如何看待和呈现自然世界上，有非常明显的差异。王维喜欢用笼统的措辞来描写自然场景，表现开阔而抽象的视野，满足于孤独自处；而孟浩然喜欢写具体的动物和植物，更愿意和朋友分享、或者希望和朋友分享自然的色彩、光影和声音，他擅长写亲密而友好的自然场景。

时至今日，书中提出的一些观点已经成为常识。因此，柯睿一开始对翻译出版这本少作持保留态度。2023年，中国艺术研究院《文艺研究》杂志社副研究员陈斐先生策划主编"海外汉学家中国古代诗人研究译丛"，选了此书，因为知道我曾在科罗拉多大学跟柯睿学习，便委托我联系翻译出版的事情。柯睿回信说，在《孟浩然》出版后的四十多年中，他学到了更多的东西，有些观点改变了，对很多诗的理解也和当年不同，看到这本书再版会让他觉得有些难堪，因为它已经不再能准确地代表他的思想了。的确，柯睿2021年出版了《孟浩然诗》英译本，翻译了孟浩然所有的诗，并在导言中对孟浩然的生平和诗集的版本等问题做了新的说明。我向柯睿建议把他2021年写的《孟浩然诗》导言放在1981年出版的《孟浩然》前面，这样，呈现给中国读者的，是同一位学者四十年前和四十年后翻译、研究孟浩然诗的探索之路，于是就有了这本书的样态。

我觉得，在今天的中文世界，翻译出版这本小书仍有意义。孟浩然生活的那个世界和他写的诗，除了常收在课本和选本中的那几首，对一般读者来说是相当隔膜的。我们已经不像唐代读书人那样用古代汉语、古典诗歌交流和表达，孟浩然的文学世界对我们也是异乡。对母语不是汉语的外国学者来说，读中国诗的时候需要逐字逐句地翻译、解释，因此他们的中国诗歌研究经常包含很多对作品的细读和分析。这也是为什么很多中国读者觉得海外汉学著作"好读"，可以帮助他们进入、欣赏和理解中文原著。如果这本四十多年前出版的书能引起一些读者对孟浩然诗的兴趣，使他们放慢速度去读那些诗，就实现了它的价值。

最后，感谢中国社科院文学所研究员刘倩翻译了这本书，也感谢华文出版社潘婕的细心编辑。

洪越（中国人民大学文学院）
2024 年 12 月 10 日